KLAUS F. SCHMIDT

NICHTS GEHT MEHR

Vom Sodastream-Multimillionär
zum Hartz IV-Empfänger

mankau

Bibliografische Information der Deutschen Nationalbibliothek
Die Deutsche Nationalbibliothek verzeichnet diese Publikation in der Deutschen Nationalbibliografie; detaillierte bibliografische Daten sind im Internet über http://dnb.d-nb.de abrufbar.

Klaus F. Schmidt

Nichts geht mehr

Vom Sodastream-Multimillionär zum Hartz IV-Empfänger

ISBN 978-3-938396-28-5

1. Auflage 2009

Mankau Verlag
Postfach 13 22, D-82413 Murnau a. Staffelsee
Im Netz: www.mankau-verlag.de
Diskussionsforum: www.mankau-verlag.de/forum.php

Presseartikel – Quellenangaben:

Umschlagseite 2 (v. li. oben n. re. unten): BILD, 6.10.2002; Delmenhorster Kreisblatt, 23.11.2006; BILD, Bremen, 20.9.2001; BILD, Bremen, 11.2.2002; Regionale Umschau, 12.11.2003

Umschlagseite 3 (v. li. oben n. re. unten): Weser Kurier, 17.1.2003; BILD, Bremen, 12.12.2002; Weser Kurier, 12.12.2002; Bremer Nachrichten, Wirtschaft, 20.9.2001; Frankfurter Allgemeine Zeitung (FAZ), Unternehmen, 16.12.2002

Lektorat/Endkorrektorat: Dr. Thomas Wolf, MetaLexis

Gestaltung Umschlag außen: HildenDesign, München

Gestaltung Innenteil: Heike Brückner, Grafikstudio, Regensburg

Der Inhalt wurde auf chlorfrei gebleichtem Recyclingpapier gedruckt, der Druck erfolgte in Deutschland.

Den Eigennutz, die Fallen,
auf denen sich die Spielbank gründet und aufbaut,
darf der Spieler nicht einmal ahnen.

Fjodor M. Dostojewskij

Russischer Dichter und Spieler (1821 – 1881)

Inhalt

Vorspiel

Einmal ein paar hundert Mark zur Verfügung haben, nur einmal. Damit man sich mal was leisten könnte. Wie oft hatte ich mir das gewünscht, wie oft davon geträumt. Doch irgendetwas ging immer schief. Da dachte man, jetzt hättest du einmal Glück, und was passierte? Es ging daneben. Warum konnte nicht einfach das Telefon klingeln und am anderen Ende wäre der Einkäufer eines Discounters dran und bestellte eine Palette „Geminis" zur Probe. Da blieben dann, bei 100 Geräten, etwa 1.700 Mark über, das wäre doch was.

Gut, das Ganze müssten wir durch drei teilen, aber immerhin. Es wäre nach der wochenlangen Flaute so etwas wie ein „warmer Regen" für mich gewesen. Hatte ich mein letztes „Gehalt" doch schon vor sechs Wochen bekommen, gerade mal 500 Mark, bar auf die Hand. Dieser Job, den ich damals ausübte, war schon ein Elend.

Vor vielen Monaten hatte mich mein Freund Peter K. um Mithilfe bei seinem, gemeinsam mit einem Partner betriebenen Handelsgeschäft gebeten. Es ging um die Vermarktung eines Küchengerätes, welches die beiden aus England importierten. Ein Gerät, das, äußerlich einer Kaffeemaschine nicht unähnlich, auf Knopfdruck dem eingefüllten Trinkwasser Kohlensäure beimischte. Wofür das Ganze gut sein sollte? Diese Frage hatte ich mir am Anfang auch gestellt und kam zu der Erkenntnis, dass es sehr bequem war, weil man dadurch keine Mineralwasserkästen mehr schleppen musste. Außerdem war der Preis für einen Liter „Mineralwasser" um die Hälfte geringer.

Allerdings sollte das Gerät 259 Mark kosten, und das war verdammt viel Geld. Ein Haushalt mit vier Personen müsste dann schon reichlich Wasser trinken, damit sich nach zwei Jahren der

Kaufpreis amortisiert hätte. So richtig überzeugt war ich nicht von der „Wundermaschine", die den Namen einer Rakete trug. Aber wie eine „Gemini" startete sie nicht gerade in das All des Verkaufserfolgs. Da ich aber im Februar 1993 keinen Job hatte, ließ ich mich breitschlagen und machte bei dem Abenteuer mit. Wobei die Verkaufsbemühungen für eine Küchenmaschine „Abenteuer" zu nennen, vielleicht etwas zu abenteuerlich klang. Wenn ich allerdings damals gewusst, ja nur ansatzweise geahnt hätte, auf was ich mich da eingelassen hatte, ja dann …

Nun, nach erfolglosen Monaten der Bemühungen, mit einem Bein in der Pleite, war die Hoffnung auf ein Durchstarten begraben. Peter wollte aussteigen, er wollte nicht mehr, hatte keine Kraft mehr für den nervenaufreibenden täglichen Kampf. Das wenige Geld, das wir zwischendurch hin und wieder durch Verkäufe einnahmen, war mal wieder aufgebraucht. Die Rechnungen stapelten sich in seiner Schublade, und es war abzusehen, wann das Telefon abgestellt würde.

„Klaus, ich will nicht mehr. Wir hangeln uns jetzt seit fast eineinhalb Jahren durch und kommen nicht von der Stelle. Unsere Firma hat mittlerweile über 100.000 Mark Schulden und nichts geht mehr. Ich werde am Montag zum Amtsgericht gehen und den Konkurs der Firma anmelden."

„Peter, mach keinen Mist, das kannst du doch nicht machen", schaute ich ihn entsetzt an.

„Du bist gut, du stehst ja auch nicht als Geschäftsführer in der Verantwortung. Ich habe keinen Bock, auch noch in den Knast zu gehen", kam es vorwurfsvoll zurück.

Ich sah ihn an. Recht hatte er ja. Das Risiko lag weder bei mir noch bei seinem Partner Volker, dem die andere Hälfte der kleinen GmbH gehörte. Peter allein stand in der Verantwortung. Ich hät-

te wahrscheinlich nicht anders gedacht und gehandelt. Aber dann wäre ich ohne Job, auch wenn es meistens im Monat kaum mehr als 500 Mark an „Beraterhonorar" für mich gab. So aber, wenn die Firma dichtgemacht wurde, stand ich erst einmal auf der Straße. Das musste ich verhindern. Außerdem glaubte ich immer noch an einen Verkaufserfolg der „Sprudelmaschine". Das war durch die bisherigen Umstände zwar nicht zu erwarten, aber irgendwie glaubte ich immer noch daran, dass dieser verdammte Sprudler uns drei eines Tages doch noch ernähren würde. Vielleicht nicht gerade zu vermögenden Männern machen, aber wenigstens ein kleines, feines Einkommen ermöglichen sollte.

„Du spinnst, Klaus", schien er meine Gedanken zu erraten. „Sieh es ein, der Zug ist abgefahren."

Eine halbe Stunde brauchte ich bei unserem Spaziergang über den Hof der Wollkämmerei, bis ich ihm eine Verlängerungsfrist von zwei Wochen abgerungen hatte. Zwei Wochen wollte er noch warten mit dem Gang zum Konkursgericht. So viel Zeit blieb mir, um die Firma endlich in Schwung zu bringen. Das war verdammt wenig. Eigentlich viel zu wenig. Ja, es war so gut wie ausgeschlossen in zwei Wochen. Ich wusste das natürlich, aber mir blieb keine Wahl. Es gab keine Alternative zu dieser Galgenfrist.

Ein Wunder musste her. Irgendein Einkäufer in diesem Land musste unseren Prospekt in die Hand nehmen, von dem Produkt begeistert sein. Das Telefon in die Hand nehmen und bei unserer Frau Schulz eine Bestellung aufgeben. Über eine, was sage ich, über zehn Paletten „Geminis". Ja, das wär's. Das würde uns wieder etwas Luft verschaffen. Die Telefonrechnung bezahlen. Den 15 Jahre alten Firmen-Polo volltanken, und ich hätte meine Familie, die sich mit geliehenem Geld von Verwandten durchschlagen musste, endlich mal wieder unterstützen können. Träume waren das, nichts als Träume, und ich wusste es nur zu gut. Doch wie heißt es so schön: „Die Hoffnung stirbt zuletzt." Also, Schmidt, sagte ich zu mir: Du hast zwei Wochen, nutze sie, es wird deine letzte Chance sein. Danach geht's auf die Straße oder zum Arbeitsamt.

Schweigend gingen wir zurück in das Büro. Wir wussten beide, dass die Firma im Grunde bereits beerdigt war. Selbst das Wetter war nieselig, grau in grau. Friedhofswetter. Ein letzter Strohhalm war es, an den wir uns da klammerten. Und mit diesem Gefühl der zentnerschweren Last betraten wir den Raum von Frau Schulz.

„Hallo Herr Schmidt, da sind Sie ja, ich suche Sie schon. Ein Herr Putz hat angerufen und wollte Sie sprechen. Er machte es sehr wichtig und dringend. Eine Nummer hat er aber nicht hinterlassen. Er will wieder anrufen."

„Ja, ja, schon gut." Mich beeindruckte die Information nicht. Zu oft hatten in der vergangenen Zeit irgendwelche wichtigen Leute angerufen, und dann hatten wir nie wieder etwas von ihnen gehört. Der würde uns auch nicht aus unserer Klemme raushelfen. Da sollte ich mich aber gründlich täuschen.

Frau Schulz sah mich betroffen an, so deprimiert hatte sie mich noch nie erlebt, dann wandte sich ihr Blick Peter zu, aber der war schon in sein Büro nach nebenan geflüchtet, weil er auch keine Lust hatte, Erklärungen abzugeben.

„Tut mir leid, Frau Schulz, aber wir sind im Moment nicht in bester Stimmung", entschuldigte ich mich lahm bei ihr und wollte ebenfalls in mein Büro entwischen, da klingelte das Telefon auf ihrem Schreibtisch.

„Guten Tag, Firma B & K, Schulz. Moment, der steht gerade neben mir, ich reiche mal weiter", hörte ich sie sagen, und dann hielt sie mir den Hörer hin, während ihre Lippen tonlos den Namen „Putz" formten.

„Schmidt, guten Tag, wer …?“

Weiter kam ich nicht, denn jetzt ergoss sich ein Redeschwall, gewürzt mit Vorwürfen, über mich. Es war mir nicht möglich, auch nur eine Zwischenfrage zu stellen, und das sollte schon was heißen. Ich war es gewohnt, mich durchzusetzen, am Telefon allemal. Doch dieses Mal keine Chance. Ich war schon geneigt, den Hörer aufzulegen, als mich der Satz „In sechs Wochen bringe ich das Gerät in meiner Sendung“ aufhorchen ließ.

Es war kein Herr Putz, mit dem ich telefonierte. Es war kein Geringerer als Jean Pütz, der Redakteur von der „Hobbythek“, der mich runterputzte. Jetzt erkannte ich ihn auch an seiner unverwechselbaren Singsang-Stimme aus dem Fernsehen wieder. Ich war wie elektrisiert. Was hatte er gerade gesagt? Er wollte unseren „Gemini“ in seiner Sendung vorstellen? Na, das wäre der Hammer! Doch bevor ich meine wild durcheinanderwirbelnden Gedanken ordnen und eine Frage an ihn richten konnte, hörte ich nur noch „Guten Tag!“, und dann wurde aufgelegt.

Verflixt, jetzt war er weg. Ich sortierte das eben Gehörte, während mich Frau Schulz voller Erstaunen ansah. Sie hatte genauso wenig verstanden und war ebenso verblüfft wie ich.

„War das etwa dieser John Pütz vom WDR, von dieser Öko-Sendung, Herr Schmidt?“, fragte sie mich.

„Ja, Frau Schulz, das war er.“

„Und warum hat der angerufen, Herr Schmidt, der will doch nicht etwa …“

„Doch, Frau Schulz, das will der. Er will in seiner nächsten Sendung unseren ‚Gemini‘ vorstellen!“

„Das gibt’s doch nicht, das wäre ja toll“, frohlockte Frau Schulz und strahlte dabei über ihr ganzes Gesicht.

Nun hielt es auch mich nicht mehr zurück und ich brüllte fast, als ich nach Peter durch die aufgerissene Verbindungstür rief. Der erschrak und richtete sich in seinem Chefsessel auf, um mich fragend anzusehen.

„Peter, der Pütz von der Hobbythek hat angerufen!"

„Welcher Pütz, ich kenne keinen Pütz!"

„Mensch, der von der Hobbythek, vom WDR Fernsehen. Das ist der Redakteur von dieser Sendung mit den ökologischen Ideen und Produkten, den kennst du doch."

„Ich schaue mir keine ‚Körnerfressersendungen' an. Was will er denn?"

„PETER, du Irrer, das ist unsere Chance! Wenn der unseren ‚Gemini' in seiner Sendung vorstellt, verkaufen wir bestimmt ein paar Tausend Geräte! Begreifst du denn nicht, was das heißt?"

Und dann begriff er endlich, was es hieß, wenn der WDR über unsere Maschine berichtete. Besonders während der Tage nach der Sendung, als in der Firma die Hölle los war. Das steigerte sich von Woche zu Woche, von Monat zu Monat. Ganz Deutschland verlangte nach unserer Sprudelmaschine, und in England gab es sogar Engpässe bei der Produktion. Cadbury-Schweppes, der Mutterkonzern, reduzierte die Lieferungen an andere europäische Vertragspartner, damit die Nachfrage auf dem deutschen Markt befriedigt werden konnte.

In nur fünf Jahren wuchs die Firma von drei auf 70 Mitarbeiter und der Jahresumsatz von nahezu null auf fast 70 Millionen.

Die Jahre waren überaus erfolgreich, mit viel Stress und 14-stündigen Arbeitstagen verbunden. Leider waren diese Anforderungen auf Dauer meiner Gesundheit nicht sehr zuträglich. So entschloss ich mich 1998, meine Anteile, die mir die beiden Inhaber als Dank für meine Leistung überschrieben hatten, für fünf Millionen DM an Peter zu verkaufen.

An all dies musste ich denken, als ich wieder einmal in dieser dunklen Seitenstraße in Bremen nach dem Klingelknopf an der unbeleuchteten Hauswand suchte.

Im Casino

Ich drückte ungeduldig auf den Knopf und wartete. Es dauerte eine Weile, dann hörte ich eine weibliche Stimme aus der Gegensprechanlage fragen:

„Wer ist da?"

„Guten Abend", sagte ich und drehte dabei mein Gesicht etwas nach rechts oben, um in die an der Hauswand angebrachte Überwachungskamera zu blicken.

„Guten Abend, Herr Schmidt, tut mir leid, ich habe Sie nicht sofort erkennen können. Einen kleinen Moment bitte noch. Ich schicke Ihnen gleich einen Pagen, der Ihnen das Tor aufschließt."

Mit einem Knacken verstummte die Gegensprechanlage, und um mich herum war wieder Stille. Die Stille einer Seitenstraße um Mitternacht in Bremen. An einem Wochentag im Herbst, irgendwann vor einigen Jahren.

Ich stand also wieder einmal vor dem Hintereingang der Bremer Spielbank, dem staatlich konzessionierten Spielcasino der Bremer Landesbank, und wartete darauf, dass ein Page das Eisentor öffnete.

Das Tor, welches zu dem Parkplatz des Bremer Senats führte, der nach Dienstschluss vom Bremer Casino als Parkgelegenheit für besondere Gäste genutzt wurde. Na, und ein besonderer Gast war ich schon. Der Attraktivste wohl seit Jahren, zumindest was das bisher verspielte Geld betraf. Schritte hallten über den nächtlichen Hinterhof, das war der Page mit dem Schlüssel.

„Guten Abend, Herr Schmidt", begrüßte er mich devot.

„Guten Abend, wie geht's Ihrer Frau, sind Sie schon Vater

geworden?“, fragte ich ihn, denn ich wusste, dass seine Frau kurz vor der Entbindung stand.

Wie ich überhaupt sehr viel Privates von einigen Angestellten des Casinos durch meine häufige Anwesenheit erfahren hatte. Da wurde dann doch so manches Wort gewechselt, man kannte sich und hatte Vertrauen zueinander. Das war nicht üblich, denn es gab die Anweisung der Casinodirektion, dass jeder persönliche oder gar vertrauliche Kontakt zu den Gästen streng untersagt war. Man fürchtete wohl, dass Angestellte mit Spielern gemeinsame Sache machen und das Casino betrügen könnten.

Bei mir lagen die Dinge scheinbar etwas anders. Nicht nur der Direktor höchstpersönlich kümmerte sich rührend um mich und somit auch um meine finanziellen Mittel, auf dass diese nicht in der Kasse von Spielcasinos der Konkurrenz landeten. Auch sein Stellvertreter brachte mir größten Respekt entgegen. Obwohl er sicherlich nicht froh darüber sein konnte, dass er sein Apartment im Casinonebengebäude räumen sollte, wenn ich in Bremen übernachten musste, weil es wieder mal bis früh in den Morgen ging mit meiner Spielerei.

Dieses Angebot hatte mir sein Chef mit folgenden Worten gemacht:

„Herr Schmidt, Sie sind zur ‚Maritimen Woche‘ in Bremerhaven im Sommer herzlich willkommen. Das Casino hat einen Großsegler für eine Tagesreise in die Außenweser gechartert, zu der ich sie hiermit einladen möchte. Es kommen nur handverlesene Gäste, Sie werden sich wohlfühlen. Und übernachten können Sie dann die Tage in unserem eigenen Apartment, das zum Casino gehört.

Das wird zwar zurzeit von meinem neuen Stellvertreter bewohnt, den quartieren wir während Ihres Besuches aus. Dann haben Sie es bequemer und müssen nicht im Hotel schlafen."

Er wusste natürlich, dass ich in Luxemburg lebte und keine Wohnung in Bremen besaß. Allerdings hielt ich mich oft in meinem Bungalow in Holland auf, und von dort waren es kaum mehr als zwei Stunden Autofahrt bis nach Bremen zum Casino. Das wusste der Direktor natürlich auch. Die Spielbankbetreiber wussten überhaupt sehr viel über meine privaten Verhältnisse.

Man kam oft zwanglos an der Bar ins Plaudern, und nach anstrengenden, meist erfolglosen Stunden am Roulettetisch geschah es, dass mich der diensthabende Saalchef zu einem Drink einlud.

Einerseits wollte ich kein Spiel am Tisch verpassen. Meistens war ich, wenn ein Saalchef mich ansprach, aber bereits pleite, hatte alles mitgebrachte Geld verspielt. Da war dann das Gespräch an der Bar mit Angestellten der Spielbankgeschäftsführung eine willkommene Ablenkung vom finanziellen Desaster.

Oftmals auch Trost, wenn man so rührend um mein Wohlbefinden besorgt war. Ja, man bedauerte mich ob meiner Verluste, litt mit mir und beklagte mein großes Pech. Es wurde mir aber auch Mut und Erfolg für den nächsten Besuch gewünscht. Da taten sich besonders die Saalchefs hervor.

„Nein, meine Frau hat noch nicht Kind bekommen, bald in zwei Wochen, wir warten schon", radebrechte der Page und schloss dabei das große Eisentor auf.

Ich startete mein Auto. Der zusätzlich angebrachte Schlagbaum hob sich, und ich fuhr langsam auf den Hinterhof.

Eine leichte Steigung, dann stand ich wenige Meter entfernt vom Lieferanteneingang der Bremer Spielbank.

Ich parkte meinen Wagen und betrat gemeinsam mit dem Pagen, nachdem die erste Tür aufgeschlossen war, den Hausflur. Eine Etage höher wartete die nächste verschlossene Tür. Als wir auch diese passiert hatten, standen wir nun direkt vor der Tür, welche unmittelbar zu dem großen Spielsaal führte. Nur noch dieses eine Schloss, dann hatte ich es geschafft. Dann war ich wieder in meinem Metier, in meiner neuen, faszinierenden Welt.

Ich war auf der Suche nach dem Glück. Nach dem Rausch, dem Fieber des Spiels, auf der Suche nach dem Alles oder Nichts. Das war meine Welt geworden, und ich konnte nicht mehr von ihr lassen, um nichts in der Welt.

In dieser Welt, in der ich nichts anderes wahrnahm als das Spiel am Roulettetisch. Keine Familie, keine Freunde, keine Arbeit, keine Natur, ja selbst das Tageslicht war mir fremd geworden. Denn das gab es nicht in der Spielbank, keine Fenster, nur Kunstlicht. So verlor ich immer wieder jegliches Zeitgefühl.

Es gab auch nirgendwo eine Uhr in den Räumen. War das eine strategische Absicht der Betreiber? Sollte den Gästen jegliches Gefühl für die Zeit beim Spielen genommen werden? Durfte niemand, auch nicht der seit Stunden Spielende, durch ein Fenster die Nacht hereinbrechen sehen? Waren Blicke der spielenden Besucher auf Uhren verpönt, damit jene sich nicht eines Termins oder einer sinnvolleren Beschäftigung als dieser erinnerten und die Spielbank verließen?

Waren dies alles Methoden im Streben, den Gast so lange wie nur möglich im Hause zu halten und seine Aufmerksamkeit voll und ganz auf das Spiel zu lenken? Auf dass der Spieler so darin vertieft sei, dass er alles um sich herum vergäße? Beim Spiel, wo im höchsten Grad der Erregung selbst die privaten

Interessen mit der Zeit verblassten und alles nur diesem einen Ziel, eben der Möglichkeit zu spielen, untergeordnet wurde?

„Ich bringe ihnen gleich ihren Orangensaft", entschwand der Page; es war ein netter Kerl, er kam aus einem der Balkanländer, und ich gab ihm immer ein großzügiges Trinkgeld, wenn er Dienst hatte. Es herrschte Krieg in seinem Land und er machte sich große Sorgen um seine Verwandtschaft dort. Er tat mir leid, und außerdem hatte ich selbst einmal in jungen Jahren als Page gearbeitet.

Auf Passagierschiffen des Norddeutschen Lloyd war ich zur See gefahren. Ich wusste, wie man behandelt wurde als unterer Dienstgrad, angewiesen auf Trinkgelder und den teilweise gnadenlosen Launen der Gäste ausgeliefert. Ein Scheißjob war das. Nun war ich kein Page mehr, ich war mittlerweile Millionär! Mehrfacher sogar. Jetzt bekam ich nicht, jetzt gab ich Trinkgeld. Das war doch etwas ganz anderes. Damit ließ es sich doch leben! So wie in den „Kitschgeschichten" vom Tellerwäscher zum Millionär, so hatte auch ich es geschafft.

In 25 Jahren Selbstständigkeit, ohne erlernten Beruf, ohne Geld, ohne Protektion. Nur mit zähem Ringen und einem grenzenlosen Optimismus hatte ich mir vieles autodidaktisch beigebracht. Nach dem Motto: „Gehe dem Erfolg auf den Grund und du wirst Beharrlichkeit finden."

Aber eines darf auch nicht vergessen werden: das Glück. Wie oft stand mir in all den entbehrungsreichen Jahren unverhofftes Glück zur Seite. Glück, das oftmals im letzten, im richtigen Moment kam und mir Kraft und neuen Glauben schenkte, den beschrittenen Weg weiterzugehen. Das Glück des Tüchtigen, wie es so schön im Volksmund heißt.

Aber ist es nicht verständlich, dass es ohne eigenes Zutun kein persönliches Glück geben kann? Wer findet eine Münze, wenn man mal das Geld dem Glück gleichsetzen will, wer also kann eine Münze finden, wenn er sich nicht auf den Weg macht?

Wer nur zu Hause sitzt, grübelt und sein Dasein bejammert, kann kein Glück am Wegesrand finden. Wer nicht mit Menschen spricht, kann keine Ideen, keine Inspirationen, keine Anregungen finden. Wer sich nicht in der Welt umschaut, wird wenig dazulernen können. Ich habe dies alles beachtet und gelebt, und diese Sichtweise dürfte einen großen Anteil an meinem Erfolg haben.

Und ich habe es am eigenen Leib gespürt. Ohne Glück geht wenig. Manchmal rein gar nichts. Das musste ich leider in letzter Zeit bei meinen Spielbankbesuchen so verlustreich erfahren. Hier war mir das Glück nicht hold, es missachtete mich. Ja, es schien mich nicht einmal zu kennen. Jeden Spieler am Roulettetisch beglückte es, nur mich nicht.

Nun, heute würde alles anders sein, das hatte ich im Gefühl, das spürte ich. Noch ein paar Schritte, da stand er, der Roulettetisch Nummer eins. Der Erste, gleich wenn man in den Spielsaal reinkommt. Ein Reservierungskärtchen stand auf dem grünen Filztuch des Tisches, vor dem Stuhl auf Platz zwei. Aha, alle wussten schon Bescheid, der Schmidt-Luxemburg ist da. Ich sah in die erwartungsvollen Gesichter der Croupiers, die mich mit einem Kopfnicken oder einem leisen „Guten Abend, der Herr" begrüßten.

Alles Laute oder gar die Nennung von Namen war streng verpönt. Das mit den Namen galt besonders auch für die Croupiers. Die sprachen sich immer nur mit „Herr Kollege“ oder „Frau Kollegin“ an. So wusste man nie, mit wem man es zu tun hatte. Und es gab ehemalige Gäste, die sich wegen ihrer Spielsucht ruiniert hatten und die Spielbanken verklagen wollten; mit dem Ziel, das verspielte Geld aufgrund partieller Geschäftsunfähigkeit zurückzubekommen.

Deutsche Gerichte hatten in jüngster Zeit in einigen Fällen bereits zugunsten der Kläger entschieden. Eine Klage konnte aber nur Erfolg haben, wenn Beweise erbracht wurden. Die ehemaligen Gäste, die spätestens bei Einreichung der Klage Hausverbot erhalten hatten, waren in Schwierigkeiten, dem Gericht die Namen von Spielbankangestellten zu nennen. Auch hier hatte scheinbar die Methode der Anonymisierung einen tieferen Sinn, eben den, einem möglichen Kläger die Beweisführung zu erschweren.

Aber das sollte mich nicht tangieren, mir würde das nicht passieren, ich würde mich hier nicht ruinieren. Im Gegenteil, ich würde meine Verluste, die ich leider schon in erheblichem Umfang erlitten hatte, wieder wettmachen, mein verspieltes Geld zurückgewinnen. Davon war ich überzeugt, und gleich heute würde ich den Anfang machen.

Noch zehn Minuten musste ich warten. Warten auf den Augenblick, dass ich wieder an meinem Tisch sitzen konnte. Nein, nein, es war nicht einfach nur ein Tisch. Es war ein ganz besonderer Tisch, der auf mich wartete. Kein einfaches Möbel, an dem die Familie beisammensaß. Kein Tisch in einem Restaurant mit erlesenen Speisen und Getränken, die ich mir finanziell ohne große Mühe hätte gönnen können.

Nein, es war kein Tisch. Es war ein Kunstwerk aus edlem Holz, mit feinem grünem Tuch bespannt. Die Abmessungen riesig, vielleicht vier mal zwei Meter, und von bequemem Gestühl umstellt, von dem man sich, hatte man erst einmal Platz genommen, nicht mehr erheben mochte.

So groß, wie er war, dieser besondere Tisch, so stabil und solide wirkte er auf den Betrachter. Und die Atmosphäre, die er ausstrahlte. Es war so, wie ich es sage. Nur wer ihn gesehen, an ihm verweilt hat, kann das verstehen. Kein noch so antiker Wohntisch oder gar ein schnöder Beistelltisch, konnten sich mit meinem Tisch vergleichen. All diese normalen Tische hatten einen funktionellen Zweck, schauten vielleicht sogar gut aus, aber niemals haben sie so großen Einfluss auf Menschenschicksale genommen.

Gleichwohl – einen Tisch gibt es schon, dem ich zugestehe, dass er, wenn auch nicht äußerlich, so doch gefühlsmäßig meinem Tisch gleichkommt. Es ist ein Tisch, mit dem die Menschen ebenfalls Hoffnung und Erlösung verbinden, obwohl sie ihn wie kaum etwas auf der Welt fürchten, den Operationstisch in der Klinik.

Ich aber mag mich nicht fürchten, und darum möchte ich lieber von meinem Tisch erzählen. Von dem Tisch, an dem sich Fremde zu einer Schicksalsgemeinschaft trafen.

Fremde Menschen waren es, die sich an ihm versammelten. Ja, „versammeln“ ist das richtige Wort dafür. Denn die Personen saßen nicht nur an diesem Tisch, nein, oftmals standen sie unmittelbar hinter den Sitzenden um den Tisch herum, selbst in mehreren Reihen drängten sie sich und schauten gebannt auf das feine grüne Filztuch, welches diesen außergewöhnlichen Tisch umspannte.

Man musste früh kommen, wenn man einen Platz an diesem besonderen Tisch ergattern wollte. Das galt glücklicherweise nicht für mich, denn mir war es gestattet, fernmündlich einen Platz an diesem Tisch reservieren zu lassen. Man kannte und schätzte mich in dem Haus, in dem dieser besondere Tisch stand. Ein kleines Reservierungskärtchen, natürlich ohne Namen, war doch Diskretion oberstes Gebot in diesem Hause, hielt jeden Fremdling fern von meinem Platz.

„Bitte, das Spiel zu machen!" Erwartungsvoll hatte ich auf diesen Satz gewartet. Nun begann das Spiel.

Ja, es war ein Spiel. Ein faszinierendes Spiel. Die Gabe zu haben, ein Ereignis voraussehen zu können, es besser zu wissen als all die anderen an diesem Tisch, es besser zu wissen als selbst die Angestellten des Hauses. Die ungläubigen Blicke, ihre Anerkennung zu sehen, wenn die Kugel gegen jede mathematische Wahrscheinlichkeit zum zweiten oder gar dritten Mal hintereinander in dieselbe Zahl fiel und ich als Einziger darauf gesetzt hatte!

Sicherlich sprachen die Angestellten in ihrem Pausenraum über mein Glück, was heißt „Glück"– nein, es war kein Glück. Es war Begabung, Intuition, die Erklärung dafür entzog sich jeglicher Ratio.

Dieses Gefühl beim Eintreffen des vorhergesehenen Ereignisses, dieser Moment, wenn die Kugel mit einem hohen, sirrenden, aber dennoch wohlklingenden Ton im Kessel kreiste. Wenn sie dann über die Hindernisse im Kesselrand stolperte, ein schrilles Klickern anstimmte, um dann mit einem lauten Klack in eben dieses, von mir vorhergesehene, Zahlenfach zu fallen. Zum Entsetzen vieler und zur unbeschreiblichen Freude weniger oder gar nur meiner.

Es folgte ein winziger Moment der Stille, gerade so, als wäre die Zeit stehen geblieben, und kein Geräusch am Tisch war wahrzunehmen. Gleich beim Einsetzen des Stimmenwirrwarrs der Anwesenden erfasste mich ein vertrautes Gefühl, ein Schauer, dem warmen Wasserstrahl einer Dusche gleich, verbreitete sich über meinen gesamten Körper. Ein unbeschreibliches Wohlgefühl, verstärkt durch die anerkennenden Blicke und das Geraune der Umstehenden.

Was für ein Gewinn.

Und zu diesem Glücksgefühl dann noch das gewonnene Geld in Form von Spielmarken, den Jetons, die mir in großer Anzahl mit einem Râteau vom Angestellten herübergeschoben wurden.

Wie viel es war, ich wusste es nicht. Vielleicht über fünfzigtausend Mark, so schnell konnte ich nicht rechnen, es war mir auch egal. Jawohl, es war mir egal, denn ich besaß genug Geld.

Warum also sollte ich zur „Geldvermehrung" dem Glücksspiel frönen und eine Spielbank aufsuchen? Geldvermehrung war einfacher und risikofreier mit einer soliden Geldanlage bei einer „richtigen" Bank. Nein, der Gewinn von Geld war es nicht, der mich reizte und mich zu einem Stammgast in den Spielbanken werden ließ. Denn Geld, das hatte ich ja ausreichend zur Verfügung und mir durch zwanzigjährige Selbstständigkeit hart, aber redlich verdient.

„Die 7, ich werde auf die 7 setzen." Es war der 7. Juli 1999 und ich annoncierte bei dem Croupier: „7 Plein Chevaux à 500 Mark." Das machte für den „Plein" (volle Zahl) 500 plus dreimal 500 ergaben 2.000 Mark Einsatz für die „Chevaux". Die Jetons lagen dabei zur Hälfte auf der 7 und zur anderen Hälfte auf den angrenzenden Zahlen, also der 4, 8 und 10, auf dem Tableau. Mit Tableau wird die mit grünem Filz bespannte Tischfläche bezeichnet. Wie mühelos ich jetzt die Annoncen für das Spiel an die Croupiers gab. Wenn ich mich noch an die Anfänge erinnere, als ich die Spielregeln noch nicht kannte. Dabei sind sie einfach zu merken:

Das französische Roulette

Das französische Roulette wird an Tischen gespielt, die von vier Croupiers betreut werden: Der Roulette-Zylinder befindet sich am Kopfende des Tisches, und es gibt ein Tableau in der Mitte des Tisches.

Die Roulettemaschine besteht aus einer in einer Schüssel eingelassenen, drehbaren Scheibe mit 36 abwechselnd roten und schwarzen Nummernfächern sowie einem 37., grün gekennzeichneten Fach für die Zero (Null). Die Roulette-Schüssel wurde früher auch aus Mahagoni gefertigt, heute werden jedoch vielfach Kunststoffe verwendet.

Mithilfe einer – früher verwendete man Elfenbein – Kunststoffkugel wird die Gewinnzahl ermittelt.

Der Spielablauf

Ziel ist es, in jedem einzelnen Spiel (Coup) im Vorhinein zu erraten, in welche Zahl die Kugel fallen wird.

*Mit dem Satz **„Faites vos jeux!“** („Machen Sie Ihr Spiel!“) fordert der Croupier die Spieler auf, ihre Einsätze zu tätigen. Diese werden mit Jetons vorgenommen. Entweder legt der Spieler selbst seine Jetons auf das Tableau oder er bittet den Croupier, dies für ihn zu tun, und nennt (annonciert) die Zahl oder Zahlengruppe, auf die er setzen möchte.*

*Die Einsätze müssen zumindest das an jedem Tisch angegebene **Minimum** betragen und dürfen das je nach Wettart unterschiedliche **Maximum** nicht überschreiten.*

*Sind die Einsätze getätigt, setzt der Croupier den Roulette-Kessel in Bewegung und wirft die Kugel gegen die Drehrichtung in den Zylinder. Nach der Ansage **„Rien ne va plus“** („Nichts geht* *mehr") darf nicht mehr gesetzt werden. Sobald die Kugel in einem Nummernfach liegen bleibt, sagt der Croupier die Gewinnzahl, die Farbe und die weiteren gewinnenden Chancen hörbar an und zeigt mit seinem Rechen* ***(Râteau)*** *auf die gefallene Zahl.*

Zunächst werden die verlierenden Einsätze, die so genannte Masse, eingezogen; dann werden alle Chancen, die mit der Gewinnzahl zusammenhängen, ausbezahlt.

Die beliebteste Wettart beim Roulette sind die Wetten auf einfache Chancen. Die Nummern 1–36 sind auf drei verschiedene Arten in Zahlengruppen zu je 18 Nummern eingeteilt, diese sind:

- ***Rouge (Rot)*** *und* ***Noir (Schwarz),***
- ***Pair (Gerade)*** *und* ***Impair (Ungerade)*** *sowie*
- ***Manque (Niedrig, 1–18)*** *und* ***Passe (Hoch, 19–36).***

  Im Gewinn-Fall erhält man einen 1:1-Gewinn ausbezahlt.

Mehrfache Chancen

- ***Plein:*** *Man setzt auf eine der 37 Zahlen, die Auszahlungsquote beträgt 35 : 1.*
- ***Cheval:*** *Man setzt auf zwei auf dem Tableau benachbarte Zahlen, z. B. 0/2 oder 13/14 oder 27/30, die Auszahlungsquote beträgt 17 : 1.*
- ***Transversale pleine:*** *Man setzt auf die drei Zahlen einer Querreihe des Tableaus, also z. B. 19, 20 und 21, die Auszahlungsquote beträgt 11 : 1. Tätigt man den Einsatz nicht selbst und bittet den Croupier, die Jetons zu platzieren, so nennt man bei einer Wette auf eine Zahlengruppe immer die niedrigste und die höchste Nummer. In diesem Beispiel also „Transversale 19–21".*
- ***Les trois premiers:*** *Man wettet auf die ersten drei Nummern,*

d. h. auf 0, 1 und 2; die Auszahlungsquote beträgt wie bei der Transversale pleine 11 : 1.

- ***Carré:** Man setzt auf vier auf dem Tableau angrenzende Nummern, z. B. 23/24/26/27. Die entsprechende Annonce lautet „Carré 23–27"; die Auszahlungsquote beträgt 8 : 1.*

Dies sind die wichtigsten Spielkombinationen, denen ich die größten Gewinnchancen auf Dauer eingeräumt habe und nach denen ich meine Jetons gesetzt habe.

Am Spieltisch erregte mein Einsatz die Aufmerksamkeit der wenigen Besucher, die am frühen Nachmittag anwesend waren. Es handelte sich immer um dieselben Personen, die bereits zur Öffnung der Spielbank um 15:00 Uhr vor der Eingangstür warteten.

Ein Rentner, zwei weitere Männer, so vielleicht um die vierzig, eine Frau, gut gekleidet, aber ihr Gesicht sah müde aus, grau und verhärmt. Sie grüßte mit einem angedeuteten Kopfnicken, ich hatte irgendwann einmal ein paar belanglose Worte am Spieltisch mit ihr gewechselt. Es wurde nie viel geredet beim Spielen, das war zumindest bei den „Profis" so.

Unter Profis verstand man die Stammgäste, die an den Roulettetischen die gefallenen Zahlen mitschrieben, um daraus eine Regelmäßigkeit für ihre Einsätze abzuleiten. Nach dem Motto: „Jetzt ist die 8 schon 37-mal nicht gekommen, also wird jetzt auf die 8 gesetzt." Da es 36 Zahlen plus Zero gab, müsste nach der Statistik in 37 Würfen jede Zahl einmal gekommen sein. Doch so einfach war es nicht. Manche Zahlen kamen öfter, andere manchmal mehrere Stunden nicht.

Wenn dann ein Spieler sich auf eine bestimmte Zahl festgelegt hatte, konnte er Pech haben und die Zahl kam erst dann, wenn er eine Spielpause machte oder er sein Geld bis dahin bereits verspielt hatte. Es gab ungezählte „Systeme“ und Tipps, wie man am Roulettetisch gewinnen konnte. Die meisten waren es nicht wert, sich näher damit zu beschäftigen.

„3, Rouge, Impair“, riss mich die Stimme des Croupiers aus meinen Gedanken. Es war die „3, rot, ungerade“ gefallen. „Es ist nichts auf der Nummer“, hörte ich ihn weiter sagen. Was Wunder, war ich doch der einzige Spieler, der gesetzt hatte. Leider auf die 7 mit den angrenzenden Zahlen, die 4, 8 und 10, aber eben nicht auf die 3! Die ersten Früchte sind madig, sagt man. Also, auf ein Neues.

Das verlorene Spiel hatte mich gerade 2.000 Mark gekostet – und das in drei Minuten. Aber noch war nicht aller Tage Abend. Mein mitgebrachtes Kapital war mit 364.000 Mark ausreichend.

Als ich die Summe an der Kasse wechseln wollte, wurde sofort der Saalchef – das ist die Spielbankaufsicht – gerufen und man bat mich in die hinteren Kassenräume zur Wechslung. Das war mir auch ganz recht, es musste ja nicht jeder diese Geldsumme sehen.

Es waren bestimmt Besucher anwesend, für die der Besitz einer solchen Summe unvorstellbar war. Mir wäre das unangenehm gewesen, wenn das jeder mitbekommen hätte, obwohl ich mich nicht zu schämen brauchte. Das Geld hatte ich mir in vielen Jahren meiner Selbstständigkeit ehrlich verdient. Beruflich hatte ich viel Glück gehabt, obwohl ich auch viele Jahre der Entbehrung hinter mir hatte.

Nie habe ich aber meinen Glauben an einen beruflichen Erfolg aufgegeben. Es gab Zeiten, in denen mich die Banker ausgelacht haben ob meiner vermeintlich naiven Vorstellung von der Gründung und Führung eines Handelsunternehmens. Kreditwünsche wurden mit der Gegenfrage nach Sicherheiten beantwortet. Produkte, die sie erst gar nicht eingehend prüften, als „nicht verkehrsfähig“ eingestuft.

Fast zwei Jahre hatte es gedauert, bis unser umweltfreundliches Produkt seinen Siegeszug in Deutschland antreten konnte. Ausschlaggebend dafür waren nicht zuletzt die Einstellung und der Glaube an einen Erfolg. Mein dem amerikanischen Industriellen, Multimillionär und Mäzen Andrew Carnegie (1835 – 1919) entlehntes Motto lautete: „Gehe dem Erfolg auf den Grund und du wirst Beharrlichkeit finden.“

Die 3 war gekommen. Warum hatte ich nicht auch einen Jeton auf die 3 gesetzt? Mein Geburtstag ist der 3. November, wie dumm von mir. Die gefallene Zahl 3 lag nur vier Fächer von der von mir gesetzten 7 entfernt im „Kessel“. Ich würde nochmal die gleiche Kombination spielen „7 Plein Chevaux“ und zusätzlich einen Jeton auf die 3 setzen.

Mittlerweile waren weitere Besucher in die Spielbank gekommen, und auch an „meinem“ Tisch nahmen mehrere Personen am Roulettespiel teil. Ihre Einsätze bewegten sich zwischen zehn und hundert Mark pro Spiel. Da mussten meine 500er Jetons, die ich zu mehreren bei einem Spiel setzte, sehr auffallen.

„Rien ne va plus“, klang die Stimme des Croupiers, während die Kugel im Kessel drehte und nach einigen weiteren Umdrehungen in das Fach der 23 fiel.

Verd…, ausgerechnet die 23. Wenn die Kugel nur ein Fach weiter gerollt wäre, in die 10, so hätte ich 8.500 Mark gewonnen. Selbst nach Abzug der vorangegangenen Spiele hätte ich im Plus gelegen. Die 23 hatte ich natürlich nicht gesetzt und musste mich nun mit bereits 5.500 Mark Verlust abfinden. Ruhig Blut, sagte ich mir, der Tag begann ja gerade erst und schon war der nächste Einsatz zum Croupier rübergeschoben. „Nochmal die Annonce von soeben!"

Ein Page kam an meinen Platz: „Sie sind Gast des Hauses, darf ich Ihnen ein Getränk bringen?" Ja, so ist das Leben, wenn du die Taschen voller Geld hast, lädt man dich zum Drink ein. Die armen Hunde, die ihre letzten zehn Mark auf Schwarz setzen, beachtet niemand. Da kommt kein Page und fragt nach ihren Wünschen. Wahrscheinlich würden sie auch liebend gerne auf ein Freigetränk verzichten, wenn ihnen dafür beim Spielen das Glück holder wäre.

Für meinen Orangensaft wurde ein kleiner Beistelltisch neben meinen Platz aufgestellt, sodass ich, ohne aufstehen zu müssen, bequem an mein Getränk und die Zigaretten kommen konnte. Ja, das Rauchen war ein Laster von mir. Oftmals, aber nie auf Dauer aufgegeben, konnte ich besonders in der jetzigen Situation nicht darauf verzichten.

Mittlerweile waren mehrere Spiele gelaufen und ich befand mich mit über 30.000 Mark im Minus. Jetzt wechselte ich die Zahlen, die 7 hatte mich nur Geld gekostet! „Bitte die 17 Complet à 500 Mark."

Das war jetzt eine Annonce, bei der auch die Croupiers angespannt wirkten. Immerhin betrug der Einsatz 4.500 Mark für ein Spiel, das kaum länger als drei Minuten dauerte. Wenn die 17 jetzt fallen würde, müsste die Bank mir über 60.000 Mark auszahlen. Da würde ich mit einem Schlag aus 30.000 Mark minus in 30.000 Mark plus kommen.

Außerdem hatte ich an die Zahl 17 nur schöne Erinnerungen. Es ist zwar schon viele Jahrzehnte her, aber an das blaue Wasser, oder war es grün oder türkisfarben gewesen, denke ich immer noch. Auf jeden Fall hatte es ein anderes Aussehen als das Wasser der Weser. Schmutzig grau war das gewesen, als sich unser Schiff, die TS Bremen, die Wesermündung flussabwärts bewegte.

Von Bremerhaven nach Amerika

Genauer gesagt nach New York. Von dort aus unternahm unser Liner dann Kreuzfahrten in die karibische See – mit den bekannten Inseln zwischen Nord- und Südamerika: Puerto Rico, Martinique, Barbados, Trinidad, Jamaika, Haiti, Kuba und wie sie alle heißen. Eine exotische, neue Welt wartete auf mich.

Ja, damals in den sechziger Jahren war diese Region für Europäer noch sehr exotisch. Es gab keinen Tourismus dorthin, nicht zuletzt durch den hohen Wechselkurs von 4 DM für einen Dollar. Ich aber konnte diese fernen Inseln als Besatzungsmitglied des größten deutschen Passagierschiffes entdecken. Wie viele mich darum wohl beneideten, zu Hause, in der Winterkälte?

Meine ehemaligen Schulkameraden besuchten die Berufsschule und lernten Autoschlosser, so hieß das damals, oder Elektriker, Maurer oder Kaufmann. Wobei die „Kaufmänner" schon die Streber auf unserer Schule waren. Es war nur eine Hauptschule, und der schlechteste Schüler von über achthundert Schülern war ich.

Bei meiner Großmutter aufgewachsen, interessierte mich keine Schule. Wir bauten Flöße aus Ölfässern, Baumhöhlen in morschen Weiden und klauten Äpfel bei den Nachbarn. Wir spielten heimlich im Kriegsbunker und sammelten Schrott auf dem „Schietberg", einem Abfallplatz der Schiffswerften. Unsere Grabentouren bescherten uns nasse Hosen sofort und Prügel später, wenn wir nach Hause kamen.

Fahrräder bauten wir uns aus kaputten Fahrradteilen zusammen. Den Herbstdrachen aus Zeitungspapier und Tapetenleisten. Wir scheuten nicht Wind und Wetter, waren selten krank und lebten in großer Freiheit. Es war eine tolle, abenteuerliche Zeit, und ich erinnere mich gerne daran.

Nur die Schulzensuren litten leider darunter. So sehr, dass mir mein Klassenlehrer auf der Abschlussfeier vor allen Mitschülern prophezeite: „Schmidt, du wirst kriminell oder ein Penner."

Und genau dieser Schmidt stand nun mit 17 Jahren auf dem Sonnendeck dieses großen Überseeschiffes in der Karibik. Das Kalenderblatt zeigte den 7. Februar 1966 an, das Wasser war fünfundzwanzig Grad warm und ich wartete auf das „Ausbooten" in den Hafen von Port-au-Prince. Das also war die Insel Haiti!

Haiti, wie das schon klang. Der Tiefgang unserer „Bremen" ließ nicht zu, dass wir in den Hafen einlaufen konnten. So mussten wir vor Reede gehen, das heißt, der Anker wurde ausgeworfen. Anschließend wurden die Passagiere mit den Rettungsbooten an Land gebracht, denn sie wollten ja auch etwas sehen und erleben auf ihrer Kreuzfahrt.

Ich wollte auch etwas erleben, und da ich keinen Dienst hatte, fuhr ich ebenfalls mit einem der Boote an Land. Die Insel gefiel mir schon von Weitem, als ich sie am Morgen durch das Bullauge am Horizont auftauchen sah. Sie war anders als die drei vorherigen Inseln, die wir bereits im täglichen Rhythmus angesteuert hatten. Am ersten Tag St. Thomas, etwas englisch vornehm, aber auch langweilig, selbst Tobago und Aruba wirkten auf mich nicht so verheißungsvoll wie eben Haiti.

Mutig wie ich war, hatte ich mir vorgenommen, die Insel auf eigene Faust zu erkunden. Ich wollte nicht die „Trampelpfade" der Touristen nachlaufen. Und in ein Bordell, wie mir die Matrosen stürmisch zurieten, wollte ich noch weniger. Das Land und die Menschen hier wollte ich kennenlernen. Mein leidliches Englisch würde mich hoffentlich weiterbringen.

Kaum hatte das Rettungsboot an der Holzpier festgemacht, wurden die Passagiere mit Hilfestellung der Matrosen einzeln aus dem Boot über eine schiefe Gangway geleitet. Als Besatzungsmitglied musste ich bis zum Schluss warten, die Gäste hatten Vorrang. Das ermöglichte mir zu sehen, auf welchem Weg die Schar sich in Bewegung setzte. Sofort begab ich mich in die andere Richtung und nahm Kurs auf die Lagerhallen, die dort an der Pier aufragten.

Das war bestimmt auch eine Möglichkeit, in die Stadt zu kommen, schnurstracks durch die Hafenanlagen, und interessanter sicherlich auch. Heiß war es, und ich hatte mir trotz meiner „Spargelbeine" Bermudashorts angezogen, hier sah mich ja keiner meiner deutschen Kumpels. Mit zehn Dollar, viel Geld für mich, fühlte ich mich für den Souvenirkauf gut gewappnet.

„Mister, hey, Mister, do you like stamps?", kamen zwei kleine Haitianer auf mich zu.

Sie mussten mich wohl schon an der Pier beobachtet haben. Stamps ist das englische Wort für Briefmarken, und ich fand als Junge nichts langweiliger als das Sammeln von Briefmarken. Nicht auf Abbildungen wollte ich die große weite Welt sehen, nein, in natura wollte ich alles kennenlernen und erleben. Und das tat ich ja nun auch.

„No, I don't like stamps, sorry", gab ich den beiden, vielleicht Zehnjährigen zur Antwort.

„Mister, only one Dollar, look very nice", ließen sie sich nicht von meiner Absage beeindrucken, und dabei wedelten sie mit einem großen Markenbogen vor meiner Nase herum.

Neugierig geworden, blieb ich nun doch stehen und schaute mir die Briefmarken näher an. Mich traf fast der Schlag. Dass sie mir Briefmarken verkaufen wollten, war schon schlimm genug, aber das waren Marken aus Deutschland, aus der DDR, mit Hammer und Sichel! Gute Güte, da war ich Tausende von Seemeilen über den Atlantik gefahren, und hier, auf Haiti, wollten mir zwei Knirpse Briefmarken aus der DDR verkaufen. Das war'n Ding. Wo hatten sie die bloß her? Vielleicht von deutschen Seeleuten oder von der Insel Kuba, die war ja unter kommunistischer Regierung und pflegte Handelskontakte zur DDR. Ich wusste nicht, ob ich lachen oder wütend sein sollte.

Die Dinger würde ich ja zuallerletzt kaufen. „No, no, I will not buy your stamps, go away", versuchte ich, die beiden zu verscheuchen. Als ob es hier auf Haiti nichts Interessanteres gäbe als Briefmarken, und dann auch noch aus Deutschland.

Ich beschleunigte meine Schritte, ließ die beiden stehen und bog in eine Gasse von meterhohen Holzstapeln ein. Und da standen sie vor mir: die nächsten zwei Haitianer. Dunkelbraun und mindestens über einen Meter neunzig groß. Sie lächelten mich an und ließen ihre makellosen Zähne in der Sonne strahlen. Ich lächelte zurück und hörte, wie die beiden kleinen Haitianer wieder näher kamen.

„You German Aschf…, you don't like German stamps?", riefen sie mir zu.

Na, das war ja starker Tobak, wie redeten die denn mit mir? Ich hatte nicht übel Lust, den Bengeln eine runterzuhauen. Doch einer der großen Haitianer sah mich mit seinen großen Augen durchdringend an.

Mir wurde mulmig zumute und ich dachte so bei mir: Ach, es sind ja auch nur Kinder, die sind nun mal so. Warum sollte ich mich groß darüber aufregen. Ich beschloss, meinen Ausflug fortzusetzen und mich erfreulicheren Dingen zuzuwenden. Die beiden großen Haitianer standen mir aber bei meinem Vorhaben irgendwie im Weg, oder war dieser Gang nur zu schmal für uns drei?

Ich schaute zu ihnen hinauf, sie sahen zu mir herab. Sie waren wirklich groß, sehr groß sogar. Ihr Lächeln war verschwunden, ernster sahen sie aus, fast ein bisschen traurig. So, als hätten sie Mitleid mit mir. Ob sie mich bedauerten, weil mir die Briefmarken nicht gefielen?

Ich fühlte mich nicht mehr so richtig wohl in meiner Haut. Ich fasste den Entschluss, mir die Marken doch einmal anzusehen, und nahm dem einen kleinen Haitianer einen 6er-Block Marken aus der Hand. Derweil waren die beiden Großen noch näher gerückt, und ihre Statur verdunkelte die karibische Sonne. Der eine sagte zu mir: „This is your chancellor. Mister, you are German and that's your chancellor, you don't know him?" Und dabei zeigte seine Riesenhand auf das Konterfei von Walter Ulbricht!

Nicht nur, dass ich deutsche Briefmarken in der Karibik angeboten bekam, jetzt war auch noch Walter Ulbricht unser Kanzler! Schlimmer konnte es nicht mehr kommen.

„You can use this stamps for your letter to your mom in Germany", schlug der andere Große mir vor.

Gute Güte, die hatten keinen blassen Schimmer. Langsam machte mir die Geschichte keinen Spaß mehr. Ich vertrödelte hier am Hafen meine Zeit. Ich sah mich um. Außer uns war niemand zu sehen. Nur vier Haitianer, zwei kleine und zwei große, und ich. Die hohen Holzstapel versperrten die Sicht auf den Hafen und unsere Rettungsboote.

„Okay, I'll take the stamps for one Dollar", krächzte meine zittrige Stimme.

„That's great, here they are, but you must pay five Dollars", grinste mich der Größere von den Kleinen an und überreichte mir „Walter Ulbricht".

„No, no, he has said one Dollar", antwortete ich wütend.

Jetzt sprach der Kleinere von den Kleinen zu mir: „No, Mister, that was the price for Haitian stamps, you are German, you need German stamps."

Verdammte kleine Kröte, dachte ich bei mir, so ein Aas, der wollte mich nach Strich und Faden ausnehmen.

„Mister, you don't like his stamps?" Das war jetzt der Größere von den beiden großen Haitianern, der mich das laut fragte.

Ich sah in sein ernstes Gesicht, und mein Interesse für die Briefmarken war wieder schlagartig geweckt.

„Oh, yes, I like stamps, please let me see them again", bat ich den Kleinen, der mir wieder mit dem Bogen vor der Nase herumwedelte.

Vier Augenbrauen hatten sich zusammengezogen und die darunterliegenden Augen sahen mich durchdringend an. Jetzt hatte ich sie verstanden! Manchmal war ich aber auch schwer von Kapee.

Das war doch bestimmt ein gutes Geschäft für mich. Was sind schon fünf Dollar gegen diese tollen Briefmarken. Und das eine war sogar ein kompletter Satz, und Sätze, hatte mir der Großvater eines Freundes beigebracht, sind viel wert.

In der festen Überzeugung, jetzt das Richtige tun zu müssen, kramte ich in meiner Hosentasche nach dem Geld. Oh weh, meine Barschaft von zehn Dollar bestand aus einem einzigen Schein. Ich musste doch nur fünf Dollar bezahlen, und dann bekäme ich fünf Dollar zurück. Die würden doch nicht …!

Alle vier schauten sie auf meine Zehn-Dollar-Note und lachten mich an. Na also, sie guckten nicht mehr so grimmig, scheinbar hatte ich sie erfreut. Auch ich fing jetzt an zu lachen.

„Ah, Mister, you want two blocks stamps from your chancellor?"

„No, no, only one, not more, give me five Dollars back", jammerte ich.

„Thank you very much, Mister, and greetings to your chancellor", lachten sie mich an, nahmen mir den Geldschein aus der Hand und winkten mir beim Davonlaufen zu.

Da stand ich nun vor einer Lagerhalle auf Haiti in der Karibischen See und hielt zwei 6er-Blöcke „Walter Ulbricht" in der Hand, und das Geld für den Landgang war futsch. Was war ich doch für ein leichtsinniger, naiver Trottel!

Es waren nur wenige Schritte bis zum Bootsanleger, und der Matrose sah mich fragend an: „Na, das war aber ein kurzer Landgang!"

„Ja stimmt, ich war nur ein paar DDR-Briefmarken kaufen", antwortete ich ihm wahrheitsgemäß.

„Hör mal, mein Junge, wir Nordeuropäer sind dieses Klima nicht gewohnt. Beim nächsten Landgang setzt du dir 'ne Mütze auf, wegen der Sonne, klar, dann redest du auch nicht mehr so'n Scheiß", stauchte mich der Matrose zusammen und lenkte das Rettungsboot zu unserem Schiff zurück, zurück durch die nicht mehr ganz so blaugrüne See.

Der Gedanke an diesen Rüffel brachte mich wieder in die Gegenwart zurück.

Also die 17 sollte es sein. Und wenn diese Zahl käme, würde das vermutlich auch den Croupiers gefallen, weil sie dann auf ein dickes Trinkgeld von mir für ihren Troncbehälter rechnen konnten. Ja, so war das, die Einrichtung der Spielbank vom Feinsten, die Werbung aufwändig und teuer. 25.000 Mark Sponsoring für den Renntag „Preis der Spielbank", aber kein Geld, um die eigenen Angestellten zu bezahlen. Wer es nicht weiß, glaubt es nicht.

Die Gehälter der angestellten Croupiers, Pagen, Techniker und Saalchefs wurden aus dem Tronc, dem Trinkgeld der Spielbankbesucher, bezahlt. Der Spielbankbetreiber garantierte lediglich ein Mindesteinkommen, falls das Trinkgeld nicht ausreichte. Mein Puls war erhöht, ich starrte auf die drehende Kugel. Sie lief gut, sehr gut sogar, jetzt musste sie fallen, direkt über „meiner“ 17. Jaaaa, sie fiel in die 17! KLACK, was war das???

Die Kugel hatte noch einen Hüpfer gemacht, raus aus der 17 in das Nebenfach. Das gab es doch nicht. Das konnte doch nicht sein. Mir wurde schlecht, sie lag doch schon in der 17 drin! Die Umstehenden raunten, ob das magische Kräfte waren. Selbst die Croupiers staunten! Wer wollte da nicht, dass ich gewann?

„Der hätte doch die Nachbarzahlen mitsetzen müssen“, hörte ich einen älteren Mann zu seinem Begleiter sagen. „Bei einem solch hohen Einsatz deckt man doch die Nachbarn mit ab.“ Wie schlau sie alle waren, die Anwesenden, aber immer erst hinterher. So wie es Voltaire schon erkannt hatte: „Alle Menschen sind klug, die einen vorher, die anderen nachher.“ Der Klugscheißer gehörte zur zweiten Gruppe. Hinterher wusste ich es auch. Natürlich hätte ich die beiden Zahlen im Kessel neben der 17 zusätzlich setzen müssen. Nun war es zu spät. Die 25 war gefallen. Ein Fach neben der 17!

Enttäuschung machte sich bei mir breit, so nah dran und dann doch nichts. Wieder fast 5.000 Mark weg. Aber so schnell kriegten die mich nicht unter. Jetzt erst recht. „Bitte das Complet der 17“, ich schob meine Jetons dem Croupier zu, „aber bitte à 1.000 Mark.“ „Tut mir leid, mein Herr, aber das Limit ist 500 Mark für den Plein.“ Ich war verärgert. Der Tischchef, die Aufsicht auf dem erhöhten Stuhl am Roulettetisch, läutete nach einem Pagen.

Der Saalchef kam und fragte mich nach meinen Wünschen. „Leider haben wir ein von der Spielbankordnung vorgeschriebenes Limit von 500 DM auf den Plein“, so der Saalchef, „wir könnten Ihnen aber heute eine Erhöhung des Limits auf 600 DM einräumen.“ „Gut danke, das nehme ich dann in Anspruch.“

„Neun Jetons à 600 Mark sind 5.400, dann setzen Sie noch 600 Mark auf Zero“, korrigierte ich meine Spielanweisung an den Croupier.

So, das war jetzt eine runde Summe, und ich konnte leichter den Überblick über meinen „Kontostand“ behalten. Wie viel hatte ich denn schon verloren? Die Innentaschen des Jacketts waren noch prall gefüllt, doch was war mit der linken Hosentasche, hatte ich da nicht zu Anfang des Spiels fünf Jetons à 10.000 Mark gehabt? Sie war leer. Aber vielleicht hatte ich die Jetons auch beim zwischenzeitlichen Zählen auf die anderen Taschen verteilt? Ich wusste es nicht mehr, ich war nicht sicher, egal, ich musste mich jetzt auf das Spiel konzentrieren.

Die 3, da war sie wieder. Was sollte ich jetzt mit der 3? Heute Nachmittag, am Anfang des Spieles, hatte ich mehrmals auf sie gesetzt. Sie war aber nie gekommen. Jetzt kam sie, zwei Felder neben der Zero, Zero hatte ich gesetzt und die 17 und 13 und 14 und 15 und 16 und 18 und 19 und 20 und 21 und die Nachbarzahlen der 17, die 25 und die 34!

Und was kommt – die 3! Mein Geburtstagsdatum! Es war nicht zu fassen. Hatte sich alles gegen mich verschworen? Auf so viele Zahlen gesetzt und keine war gekommen?

Mittlerweile schauten auch die Croupiers betrübt – keine Gewinne, kein Trinkgeld. Natürlich bekamen sie von den anderen Spielern an „meinem“ Tisch Trinkgelder, aber die waren verständlicherweise nicht üppig. Wenn jemand zehn Mark auf eine Zahl legte und gewann, gab es, das war „ungeschriebenes“

Gesetz, ein Stück für die Angestellten. Der Spieler setzte zehn Mark, gewann 350 Mark und gab „ein Stück" Trinkgeld, eben zehn Mark für die Angestellten in den Tronc. Worauf die vier Croupiers am Tisch ein „Dankeschön für die Angestellten" intonierten.

Der Page erschien wie von Zauberhand und bot mir ein weiteres Freigetränk auf Kosten des Hauses an. Ich wusste nicht, ob ich lachen oder weinen sollte. Da hatte ich wohl mittlerweile heute an die 150.000 Mark in dieser Spielbank verloren, und die Geschäftsleitung spendierte mir zum Trost einen Orangensaft! Ich sollte besser aufhören für heute. Außerdem schmerzte mein Rücken und die Bandscheibe machte wieder mal vom langen, bewegungslosen Sitzen Probleme. Ich würde noch drei Spiele spielen, dann war Schluss!

Aber welche Zahlen sollte ich nehmen? Ich hatte, von einigen Kleingewinnen abgesehen, noch nicht einmal einen Treffer auf einem Plein gehabt. Die 17 war schon lange überfällig, die musste doch mal kommen.

„Das gleiche Spiel wie vorher." Entnervt schob ich dem Croupier meinen Einsatz über den Tisch. Der guckte mich schon gar nicht mehr an, er wusste auch so, was ich spielen wollte: Complet der 17 und die Nachbarzahl zur Linken und Rechten im Kessel mit Zero. Die nächsten 7.200 Mark waren fällig. Die Taschen des Jacketts waren mittlerweile genauso eingefallen wie meine Gesichtszüge. Es musste etwas geschehen.

Solch ein Fiasko war mir bisher nicht widerfahren. Ich schaffte es zwar nie, mit einem Gewinn aus der Spielbank zu gehen, aber oftmals lag ich wenigstens zwischendurch mal mit 20.000 oder 30.000 Mark im Plus.

Was war das für ein Sch…tag! Warum musste ich ausgerechnet heute hierher gehen. Die letzten Tage hatten doch wohl gereicht, oder? Über 200.000 Mark hatte ich verloren, wollte das verlorene Geld heute wiedergewinnen. Ich hatte mir alles so schön vorgestellt, eine Strategie zurechtgelegt, mir geschworen, bei 5.000 Mark Gewinn aufzuhören mit dem Spielen. Wie aber konnte ich aufhören, wenn ich nichts gewonnen hatte? Im Gegenteil: Meine heutigen Verluste lagen bereits wieder bei fast 200.000 Mark.

Oder war es noch mehr? Vielleicht hatte ich ja schon vielmehr verloren. Sollte ich nachzählen? Hier am Tisch ging das nicht, jeder würde es sehen. Vielleicht auf der Toilette? Aber was wäre, wenn ich auf der Toilette meine Geldbestände zählte und in dem Moment meine Zahlen kämen?

Am Nachmittag musste ich schon einmal gehen, die Orangensäfte forderten ihren Tribut. Höllenqualen hatte ich ausgestanden bei der Vorstellung, ich wusch mir die Hände und kämmte meine Haare und am Tisch im Saal käme „meine“ 17, das wäre dann ein entgangener Gewinn von 81.000 Mark für einen WC-Besuch gewesen!

Zum Glück war es ja nicht eingetroffen. Aber nochmal setzte ich mich diesen Ängsten nicht aus. Ich trank ab sofort nichts mehr. In der Wüste überlebten Menschen tagelang ohne Wasser, da würde ich wohl noch ein paar Stunden ohne auskommen. Der Geschäftsführung käme es sicherlich entgegen, wenn ich meine Zahlen auf der Toilette „verpasste“, aber da machte ich nicht mit.

Zero! Null! Na endlich, 17 wäre natürlich viel besser, aber immerhin ein Pleingewinn. Der Croupier zeigte mit seinem Râteau auf meine Jetons, einen 500er und einen 100er und zählte mir den Gewinn vor: „600 Mark Plein auf Zero, macht 21.000 Mark, der Herr." Erwartungsvoll schaute er mich dabei an. Ich wusste, was er jetzt hören wollte: „Trinkgeld für die Angestellten!"

Der Gute! Ich war immer noch fast 200.000 Mark im Minus und die Herren erwarteten von mir Trinkgeld. Andererseits – wenn ich nichts gäbe, vielleicht würde ich dann heute nicht mehr gewinnen, vielleicht war die Zero der Beginn einer Gewinnsträhne. Und ich gab kein Trinkgeld?

Vielleicht konnten die Croupiers die Kugel durch einen bestimmten Effet beim Reinwerfen in den Kessel beeinflussen? Vielleicht starteten sie die Kugel an einer ganz bestimmten Stelle im Kessel, sodass in etwa zu berechnen war, in welche Zahl die Kugel fiele? Tausend Gedanken gingen durch meinen Kopf. Der Croupier hatte die Auszahlung meines Gewinnes vor sich liegen und wartete immer noch.

Die Anwesenden wurden ungeduldig und wollten, dass weitergespielt würde. „Zweitausend Mark", versuchte ich ganz cool zu wirken, 2.000 Mark für die Angestellten. Das war doch, verdammt noch mal, viel zu viel. 600 wären üblich gewesen. Hatten mich die vorangegangenen Gedanken zu dieser Summe getrieben? Glaubte ich, mir das Wohlwollen der Croupiers, von denen doch alles abhing, erkaufen zu können? Zu spät! „Vielen Dank für die Angestellten", klang es mir bereits in den Ohren. Was soll's, wer wusste, wofür es gut war.

„Die gleiche Annonce nochmal." „Selbstverständlich, der Herr." Ich mochte ihn nicht, diesen Croupier. Sein Aussehen, besonders sein schmallippiger Mund und die pechschwarzen Haare stießen mich ab. Er erinnerte mich an jemanden, aber ich kam nicht drauf.

Matrosenliebe

Doch, jetzt wusste ich es, jetzt erinnerte ich mich wieder, er hatte Ähnlichkeit mit dem Kumpel von Paul. Dem Paul, mit dem ich vor Jahren, 32 mussten es jetzt wohl schon her sein, zur See gefahren war. Eine Geschichte, an die ich mich ausgerechnet in diesem Moment, heraufbeschworen durch diesen Croupier, wieder erinnern musste.

„Ein Mann bist du erst, wenn es dir gelingt, mich umzuhauen", das waren seine Worte, die ich nicht vergessen habe. Es waren schon so viele Jahre darüber vergangen, aber leider nur vergangen und nicht vergessen. Nur zu gern hätte ich ihn damals umgehauen, was heißt umgehauen, umgebracht wäre angebrachter gewesen. Aber dazu hatte ich damals nicht die Kraft gehabt, oder vielleicht war ich auch einfach nur zu feige gewesen.

Zu zweit waren sie, und ich überlege, wie der andere hieß. Ich glaube, er kam aus dem Elsass, und an Bord nannten sie ihn „den Franzosen". Ein großer, schlanker und durchtrainierter Kerl mit Stoppelhaarschnitt, einem etwas runden Gesicht, pechschwarzen Haaren und einem schmallippigen Mund. So habe ich ihn in Erinnerung und so sehe ich ihn vor mir.

Ja, und der andere, Paul riefen ihn die Matrosen; auch der war nicht klein von Statur. Eher kräftig untersetzt mit hageren Gesichtszügen, die von seiner Hakennase noch verstärkt wurden. Wenn ich hätte wählen sollen, wer mir sympathischer war, ich wüsste keine rechte Antwort darauf.

Auf jeden Fall haben sie mich an Bord nicht geschlagen und daher hatte ich Vertrauen zu ihnen. Denn es war üblich, dass der Jüngste an Bord regelmäßig verprügelt wurde, damit er zu einem richtigen „Kerl" würde. So um die dreißig Jahre mussten beide wohl damals gewesen sein, der Franzose und der Paul. Ich war mit achtzehn der Jüngste und somit „Bootsmann“ an Bord des Schiffes.

Ja, die Erinnerung an diese beiden Herren aus der „christlichen“ Seefahrt lässt mich heute noch zweifeln, was an jenem Vorfall wohl „christlich“ war.

Das Schiff hieß „FM Norderbank“, benannt nach einem Fangplatz vor Island. Ein Fischdampfer, ein so genannter Seitenfänger war es, auf dem ich angeheuert hatte. Ende der sechziger Jahre gab es noch eine bedeutende deutsche Hochseefischerei, die von den Städten Cuxhaven, Hamburg-Altona, Kiel und besonders Bremerhaven aus agierte.

Mein Schiff also, die Norderbank, war am späten Nachmittag im Fischereihafen von Bremerhaven eingelaufen, und die Mannschaft fuhr mit „ihren“ Taxis nach Hause zu ihren Familien. Diejenigen aber, die keine Familie hatten oder deren Wohnort zu weit entfernt war für zwei Tage Urlaub, nahmen sich zwar auch ein Taxi, ihr Ziel war jedoch schlichtweg die nächste Kneipe. Dreiundzwanzig Tage auf See und nur Fisch und Seeleute gesehen, da musste einiges nachgeholt werden.

Die Taxis waren etwas ganz Besonderes für die „Fischermänner“. Ein Statussymbol sozusagen. Die „arbeitende Bevölkerung“ konnte es sich Ende der sechziger Jahre nicht leisten, mit einem Taxi zu fahren. Die Crew von Fischdampfern aber fuhr fast ausnahmslos mit Taxis. Sie ließen sich, wie man so sagt, „herumkutschieren“. Und dabei spielte es keine Rolle, ob das Ziel nur hundert Meter entfernt lag oder spontan eine „Kneipentour“ mal eben über 250 Kilometer nach Hamburg und zurück geplant wurde.

Jeder hatte seinen „festen“ Taxifahrer, und der bekam über den täglichen Schiffsmeldedienst sofort mit, zu welchem Zeitpunkt ein Schiff in den Fischereihafen einlief, und er wusste auch genau, wel-

che Schiffe seiner Pappenheimer demnächst in den Hafen einliefen. Ein zur damaligen Zeit üblicher Anblick bei Ankunft eines Fischdampfers war, dass ungefähr 15 Taxis aufgereiht an der Fischhalle warteten.

Da konnte man nicht einfach irgendein Taxi heranrufen. Die Fahrer reagierten gar nicht. Sie wussten genau, wen sie zu befördern hatten, und grüßten die Person dann auch mit großem Hallo. Die erste Frage galt dem Heimatfisch, ein so genanntes Deputat, auf das jeder Bordangehörige, vom Kochsmaat bis zum Kapitän, Anspruch hatte.

Von diesem Heimatfisch eben bekam oftmals auch der Stammtaxifahrer seinen Anteil, je nachdem wie gut er mit seinem Fahrgast, dem „Jan Maat" klarkam. Dazu muss man wissen, dass ein großer Teil der Bevölkerung in Bremerhaven auf den Fisch geradezu wartete. Fast jede Familie hatte einen Nachbarn, Freund oder Verwandten, der, wenn er nicht selbst zur See fuhr, zumindest jemanden kannte, der auf einem Fischdampfer fuhr und somit mindestens einmal monatlich eine größere Ration Fisch „besorgen" konnte.

So wurde der Ankunft eines Fischdampfers jedes Mal von der Bevölkerung mit freudiger Erwartung entgegengesehen. Die Taxifahrer freuten sich über gewinnbringende „Touren", die Nachbarn über den „Heimatfisch", die Frauen auf die Ankunft ihrer Ehemänner und die Kinder auf die Väter, auch wenn es manchmal die falschen waren.

Aber damit ist die Aufzählung keineswegs schon vollständig. Freude hatten auch, wenn ein Fischdampfer einlief, reizende, junge Damen, die alleinstehenden Seeleuten die Familie oder gar die Freundin ersetzten. Die waren aber weniger an dem Heimatfisch als an der Heuer, so nennt man den Arbeitslohn der Seeleute, interessiert.

Darum nannten sie „ihren" Seemann auch immer nur „Schatz", denn den galt es zu heben. Zumindest solange er an Land war. Wenn der Gute dann wieder mit seinem Schiff auf See war, dann nahm der nächste Seemann die Position des Schatzes ein. So gab es dann Tage, da wimmelte es nur so von Schätzen in der Stadt.

Der Seemann wiederum nannte seine zweitägige weibliche Begleitung dann „Perle", vielleicht weil sie so an ihm hing. Manche riefen ihre Begleitung auch Torte, was darauf zurückzuführen war, dass es an Bord nie Torten gab, noch nicht mal an einem Geburtstag. Aber eben an Land, also war eine Torte etwas Besonderes, eben etwas, dass es nicht alle Tage gab. Manch eine wurde auch Weinbrandtorte gerufen, was ihre Vorliebe zu einer bestimmten Getränkesorte verriet.

Nun waren wir also nach 22 Tagen Fischfang unter Island wohlbehalten, was in der Fischerei durchaus nicht die Regel war, im Bremerhavener Fischereihafen eingelaufen. Der besagte Paul, der scheinbar keine Familie hatte, und der „Franzose" forderten mich auf, mit in ihr Taxi zu steigen. Da ich kein Ziel für diese zwei Tage an Land hatte, fuhr ich halt mit.

Die beiden machten einen „aufgeräumten" Eindruck und versprachen mir, dass ich auf meine Kosten kommen und mal richtig was erleben würde, dafür würden sie schon sorgen. Außerdem wollten sie auf mich aufpassen und mich „freihalten", da ich ja erheblich weniger als ein Matrose verdiente und somit eigentlich kein Geld hatte, um „etwas zu erleben".

Dabei hatte ich doch schon so viel erlebt. Mit 16 Jahren in der Karibik, Trinidad, Haiti, Jamaika, jeden Tag eine neue Insel. Oder in New York, Bummeln am Times Square, nachts über den hell erleuchteten belebten Broadway und ein Blick vom Empire State Building. Ja, sogar in einem Artikel der New York Times war ich auf einem Foto abgebildet. Weil wir damals im Januar 1966 im Atlantik in ein schweres Unwetter geraten waren mit der TS Bremen, dem größten deutschen Passagierschiff des Norddeutschen Lloyd.

Wie gerne erinnere ich mich an das Schiff. Mit über 32.000 Bruttoregistertonnen war es wie eine kleine Stadt. Fast sechshundert Besatzungsmitglieder arbeiteten an Bord, und die Offiziere liefen in adretten, mit blinkenden Knöpfen verzierten Uniformen über das Deck, und manch weiblicher Passagier seufzte bei ihrem Anblick. Es gab klare Regeln und alle waren höflich und zuvorkommend zueinander. Es herrschte ein gewisses Niveau auf diesem Schiff, auf das die deutsche Handelsflotte sehr stolz war, denn die TS Bremen genoss, wie die Reederei auch, hohes Ansehen im Ausland.

Welch ein Kontrast dagegen zu einem Fischdampfer, der nicht nur Fisch fing, sondern auch danach roch. Und die Gegebenheiten an Bord waren so total anders auf einem Fischdampfer, der kleiner als der vierzigste Teil der „Bremen" war.

Und erst die Stimmung an Bord. Es wurde gesoffen, geprügelt und denunziert. Es galt schlichtweg das Recht des Stärkeren. Ob das mit der harten und entbehrungsreichen Arbeit an Bord zu entschuldigen war? Sicher nicht, aber eine Erklärung war es irgendwie schon.

Drei Tage von Bremerhaven zum Fangplatz unter Island dampfen – kein Problem. Ein normaler Achtstundentag mit der Aufgabe, das Schiff und die Netze fangklar zu machen. Vor Ort, im Fischrevier allerdings galten andere Arbeitszeiten. Als Erstes wurde kein Unterschied zwischen wochentags oder sonntags gemacht. Ebenso waren Tag und Nacht ab sofort abgeschafft. Das hieß, es konnte niemand sagen: „So, es wird dunkel, für heute ist Feierabend."

Dieser Satz, zum Kapitän gesprochen, hätte dem Vorlauten die Möglichkeit geboten, sich im eiskalten Atlantik wiederzufinden.

Man muss sich den Tag, nein, das ist das falsche Wort, also den Tag- und Nachtarbeitsablauf wie folgt vorstellen:

Netz aussetzen –

Netz einholen – Fisch an Deck – Netz aussetzen – Fisch an Deck verarbeiten – waschen – essen – schlafen –

Netz einholen – Fisch an Deck – Netz aussetzen – Fisch an Deck verarbeiten – essen – schlafen –

Netz einholen – Fisch an Deck – Netz aussetzen – Fisch an Deck verarbeiten – essen –

Netz einholen – Fisch an Deck – Netz aussetzen – Fisch an Deck verarbeiten –

Netz einholen – Fisch an Deck – Netz aussetzen.

Und so weiter und so weiter. So ging das siebzehn Tage lang.

Die Schlafenszeit betrug während dieser Fangtage maximal ein bis zwei Stunden am Stück, manchmal zwei Tage ohne Schlaf. Der Rest war Arbeitszeit und zwischendurch mal schnell etwas gegessen, gewaschen wurde sich erst wieder einen Tag vor dem Heimathafen. Das war dann aber auch dringend nötig, denn einige Fischermänner überdeckten leicht den Geruch des Fisches in der Fischmehlluke.

Bei diesen Arbeitsbedingungen ist vielleicht zu verstehen, dass der Seemann, wenn er dann an Land war, ein großes Nachholbedürfnis an Leben hat. Da wird nicht auf die Mark geschaut, wichtig war der Spaß und dass bloß nichts versäumt wurde.

Ja, und diesen Spaß wollten die beiden, mit denen ich jetzt in der „Cap Horn"-Bar an der Theke saß, auch haben. Der Schuppen, anders konnte man ihn nicht bezeichnen, war eine Hafenspelunke, so wie man sie sich vorstellt. Abgewetztes Mobiliar, schmuddelige Nischen, von Nikotin vergilbte Tapeten. Zwei abgetakelte Damen, die bestimmt vor langer Zeit einmal hübsch gewesen waren, bedienten die Anwesenden mit offensichtlichem Desinteresse.

Dass es laut herging, dafür sorgten ein paar Matrosen von anderen Schiffen, drei Landratten und einige Damen vor dem Tresen. Zwei junge Frauen an der Musicbox, vielleicht Mitte zwanzig, hatten sich bestimmt verlaufen, die gehörten da nicht rein. Das konnte sogar ich erkennen in meiner Naivität. Vielleicht war es auch die leicht anrüchige Atmosphäre, die sie in den Bann gezogen hatte und zum Bleiben veranlasste. Sie tuschelten und wählten dabei an einer Drehscheibe der Musicbox ihre Lieblingslieder aus.

Paul stieß mich an: „Du, die eine, die Blonde, die steht auf dich."

„Was sagst du, wo steht die?"

Ich hatte schon verstanden, was er gesagt hatte, aber es war mir peinlich, dass er mich so plump darauf ansprach. Natürlich hatte ich auch bemerkt, dass sie immer wieder zu uns rüberschaute. Nicht auffällig, aber doch so, dass es für einen guten Beobachter zu erkennen war.

„Blödmann, die steht auf dich, die kannste abschleppen", raunzte der Paul mich an. „Los geh hin und gib ihr was zu trinken aus oder Geld für die Musicbox", stachelte er mich an.

„Ich mag nicht, ich glaub, die meint mich gar nicht", gab ich zögernd zur Antwort.

„Dummkopf, natürlich meint sie dich, hast du keine Augen im Kopf?"

„Ja, ja, ich geh ja schon." Bloß kein Ärger mit dem Matrosen, dann überwand ich lieber meine Schüchternheit und ging mal hin.

„Hallo, wie geht's?", fragte ich und merkte sofort, dass die Frage nicht besonders originell war.

Sie schaute mich an und lächelte: „Sind das da an der Theke Freunde von dir?"

„Nein, Freunde nicht, wir fahren zusammen auf einem Schiff", gab ich zögernd zurück und schaute mich nach ihrer Freundin um.

Sie schien meine Gedanken erraten zu haben und erwiderte, dass die vor zehn Minuten gegangen sei.

„Ich komme gleich wieder", sagte ich, nachdem ich ihr eine Mark gegeben und sie aufgefordert hatte, Musik von den Beatles zu drücken.

Sie bedankte sich und studierte eifrig im Halbdunkel die Liste der Titel in der Musicbox.

„Was ist, hast du mit ihr gesprochen, fährt sie mit dir aufs Schiff?" Das war jetzt der „Franzose", der mich das fragte.

„Nein, hab ich nicht."

„Na, dann los, hier hast du Taxigeld, fahr mit ihr an Bord und amüsier dich, die ist doch hübsch, die Kleine."

Und dabei schob er mir einen Geldschein zu. Da war ich nun überhaupt nicht darauf vorbereitet, natürlich war sie hübsch, da hatte er Recht, aber sie würde doch nicht mit mir kommen, das glaubte ich nicht. Also stand ich wieder vor ihr, als sie mir die Hand reichte:

„Ich heiße Christa, ich fahre gleich nach Hause, es ist schon nach Mitternacht, hast du Lust mitzukommen, ich lad dich ein?"

Peng, das saß. Vor Schreck bekam ich kein Wort heraus.

„Ja, ich, ich weiß nicht, ich würde schon gerne mit dir gehen, aber die beiden ...", und dabei neigte ich den Kopf leicht in die Richtung von dem Paul und dem Franzosen.

„Die sind doch viel zu sehr mit der Bardame beschäftigt, sag

ihnen doch einfach Bescheid und dann gehen wir. Es ist auch nicht weit von hier zu laufen, zwanzig Minuten höchstens."

„Warte, ich bin gleich wieder da." Und schon war ich mit wenigen Schritten an der Theke, stieß den Franzosen an und sagte:

„Ihr habt Recht gehabt, sie mag mich und hat mich zu sich nach Hause eingeladen. Ich geh dann jetzt, tschüss bis morgen, und das Taxigeld brauch ich dann auch nicht."

„Moment, Moment, nicht so hektisch. Wir können nicht zulassen, dass du um diese Zeit mit einer fremden Frau durch das Viertel hier schleichst. Das ist zu gefährlich. Du kannst sie ja mit an Bord nehmen, sag ihr das."

„Christa, die beiden wollen nicht, dass ich mit dir nach Hause gehe, die machen mir Ärger. Ich bin doch erst 18 und noch nicht volljährig."

„Aufs Schiff soll ich mit? Wo bleiben dann die da?"

„Ach die, die gehen anschließend noch in die nächste Kneipe, haben sie mir gesagt. Vor morgen früh um sechs finden die kein Ende, wenn die erst mal in Stimmung gekommen sind", erklärte ich ihr und schaute sie dabei erwartungsvoll an.

„Gut, dann lass uns aber jetzt gehen, um die Ecke ist ein Taxistand, komm", und dabei hakte sie sich bei mir ein.

Ich kam mir richtig erwachsen vor, und gleichzeitig war mir auch etwas mulmig zumute. Wir bestiegen das nächste Taxi und nach 20 Minuten waren wir im Fischereihafen, vor unserem Schiff. So im Dunkeln machte es keinen einladenden Eindruck, und Christa schaute mich fragend an, nachdem das Taxi davongefahren war. „Ist das ein Fischdampfer?", fragte sie mich.

„Ja, aber du brauchst keine Angst zu haben, es ist niemand an Bord, die sind alle an Land. Wir sind alleine, und ich habe einen Schlüssel zum Abschließen."

Zögernd folgte sie mir auf der schmalen Gangway nach und dann die Treppen runter in den Schiffsbauch, dort wo die Kammern der Matrosen lagen. Die Gänge und Treppen waren sehr eng, und es roch nicht besonders gut. Ich befürchtete, dass Christa auf dem Absatz kehrtmachen würde, als ich die Kammer aufschloss. Aber sie war jetzt wohl wild entschlossen, die Umstände zu ignorieren, und sah mich mit großen, strahlenden Augen an. Sie nahm mich in den Arm, und alles andere wurde für uns unwichtig.

Meine Koje, so nennt man das Bett auf einem Schiff, war an die Schiffswand angebaut. Man hatte das Gefühl, in einem Schrank zu schlafen, spätestens dann, wenn die beiden kleinen Schiebetüren zugezogen waren. Und viel größer als in einem Küchenschrank war es auch nicht. 80 Zentimeter breit, 1 Meter 20 hoch und 2 Meter lang, so waren die Abmessungen. Eine kleine, nackte Glühbirne streute erbärmliches Licht.

Aber wir beide brauchten kein Licht, und wir brauchten auch nicht mehr Platz. Was wir brauchten, waren wir selbst, und nichts sonst auf der Welt interessierte uns in diesem Augenblick. Es war atemberaubend spannend, es war ungeheuer aufregend und es war das erste Mal für mich.

Das erste Mal, dass ich einer Frau so nahe war. Was hatten sie nicht alles erzählt, die Freunde von früher. Wie es sei und was man alles zu bedenken habe, damit es nicht enttäuschend wird und die Freundin wegläuft. Ja, sie war jetzt meine Freundin, die Christa, auch wenn sie ein paar Jahre älter war als ich. Und die Natürlichkeit, die sie ausstrahlte, nahm mir meine Nervosität.

Es war unbeschreiblich, es war abenteuerlich, es war einmalig, es war einfach nur schön.

Später, als wir beide erschöpft nebeneinander lagen, streichelte ich behutsam ihr Gesicht und sah erst jetzt so richtig, wie schön sie doch war. Eine so tolle Frau gab sich mit mir ab, das war schon aufregend und erfüllte mich mit Stolz. Jetzt war ich auch ein Mann. Sie hatte mich zum Mann gemacht. Was für ein Erlebnis. Was für eine Frau. Was für ein Tag und was für eine Nacht.

Ich schaute sie an. Sie hatte die Augen geschlossen, und ihr makelloser Körper reflektierte etwas das trübe Deckenlicht. Wie froh und dankbar war ich, dass mir die Matrosen das Taxigeld spendiert hatten. Ihnen hatte ich es zu verdanken, dass das schönste Mädchen der Welt neben mir lag und sich an mich kuschelte.

Auf einmal hörte ich ein dumpfes Poltern, es kam von draußen vom Deck. Jetzt hörte man auch eine Männerstimme fluchen. Christa schreckte aus dem Halbschlaf hoch: „Was war das, hast du das auch gehört, wer kommt da, das sind doch Stimmen? Schließ die Tür ab, schnell!“, bat sie mich.

Ich öffnete die Schotten der Koje und setzte ein Bein auf den Rand der Backskiste, da wurde die Tür bereits mit einem lauten Knall aufgestoßen. Herein kam Paul und mit ihm der Franzose.

„Bootsmann, lauf hier nicht nackt herum, was soll denn die Dame von dir halten“, grölte er und grinste über sein vom Alkohol gezeichnetes Gesicht.

„Wo is sie überhaupt, das Täubchen, is sie noch da?“ Und während er dies vor sich hinlallte, ging er zielstrebig auf meine Koje zu.

„Paul, bitte geht in eure eigene Kammer! Meine Freundin schläft heute Nacht hier.“

„Na, ich werd sie doch noch begrüßen dürfen, oder?“

„Paul, lass sie doch in Ruhe, sie hat doch nichts an“, bat ich und versuchte, ihn sanft abzudrängen.

„Na, umso besser, da kriegen wir wenigstens was zu sehen für unser Geld.“ Das war jetzt der Franzose, der nun ebenfalls in die Kammer eingetreten war.

„Paul, was habt ihr vor, ihr könnt doch …“

Da traf mich ein Faustschlag in den Unterleib. Wie ein Taschenmesser klappte ich zusammen und krümmte mich am Boden. Ich rang nach Luft und war unfähig, etwas zu sagen. Was taten sie da nur? Um Gottes willen, was hatten sie denn vor?

Es waren doch meine Arbeitskollegen. Der Franzose zerrte an den Armen meiner Freundin und riss sie mit brutaler Gewalt aus der Koje heraus. Sie schrie auf und wehrte sich verzweifelt. Aber sie hatte keine Chance gegen den Dreckskerl.

„So, jetzt werden wir zwei uns einmal amüsieren, Puppe“, griente er sie an und stieß sie in die gegenüberliegende Koje.

„Paul, mach doch was, lass das nicht zu, bitte hilf ihr“, keuchte ich, noch immer um Atem ringend.

„Red nicht daher, geh in deine Koje, an Bord wird alles geteilt, das weißt du doch, Kumpel.“

Dieses Schwein, er war nicht besser als der andere, jetzt war alles verloren. Ich hörte Christa aus der geschlossenen Koje wimmern. Was sollte ich nur tun? Eine Waffe, ich brauchte eine Waffe. Mit den Händen hatte ich keine Chance gegen sie, noch nicht einmal gegen einen von ihnen. Es waren rohe, ungehobelte Kerle, die sich nicht nur einmal im Leben geprügelt hatten.

Wie naiv ich gewesen war. Wahrscheinlich hatten sie alles schon so geplant gehabt, von Anfang an. Darum durfte ich auch nicht mit zu ihr, sie wollten, dass wir aufs Schiff fuhren, damit sie später nachkommen konnten. Und Christa, sie würde jetzt bestimmt denken, dass ich mit ihnen unter einer Decke steckte. Aber nie, nie hätte ich das mitgemacht. Warum hatte ich nur nicht vorher die Kammertür abgeschlossen, warum nicht? Wir hatten es beide vergessen, waren zu sehr mit uns beschäftigt gewesen.

Wieder hörte ich ihr Wimmern, nun aber schon etwas leiser. Der Paul schien meine Gedanken zu erraten und baute sich drohend vor mir auf:

„Geh in deine Koje und mach die Schotten zu. Wenn du deinen Kopf rausstreckst, hau ich ihn dir ab, klar?"

Die Polizei, man müsste die Polizei informieren. Aber wie, im Fischereihafen war alles totenstill, es war Sonntagmorgen um zwei Uhr. Da war weit und breit niemand im Hafen. Und selbst wenn jemand an der Pier wäre, ein Angler vielleicht, aus dem Schiffsrumpf würde das Schluchzen meiner Freundin kaum bis an Land dringen. Und Schreie würden sie unterbinden, die Verbrecher.

Ja, es waren jetzt Verbrecher geworden, keine Kumpels mehr, für die sie sich bisher ausgegeben hatten.

Sie mussten unschädlich gemacht werden, aber wie? Ich musste doch dem Mädchen helfen, die starb doch tausend Tode. Was für eine Schande, eine Erniedrigung für sie. Aber was konnte ich nur tun? Der Paul saß vor meiner Koje direkt am Tisch. Aufmachen konnte ich die Schotten nicht mehr, er hatte sie von außen mit einem Band zugebunden. Ich war in meiner Koje eingesperrt wie in einem Sarg, und drei Schritte entfernt wurde der Frau, die meine Freundin geworden war, von zwei brutalen Matrosen Gewalt angetan.

Erst nach Stunden ließen sie von ihr ab und ich hörte ihr leises Schluchzen, während sie ihre Bekleidung zusammenraffte und sich anzog. Durch einen schmalen Spalt in der Kojentür, die noch immer zugebunden war, konnte ich sie sehen. Ich wollte sie ansprechen, ihr etwas zurufen, aber ich traute mich nicht. Ich schämte mich zu sehr, weil ich ihr nicht hatte helfen können.

Am Montagmorgen suchte ich sofort das Reedereibüro auf und kündigte meinen Vertrag für das Schiff. Mit diesen Verbrechern wollte ich nichts mehr zu tun haben.

Der Heuerbaas fragte mich nach dem Warum, denn niemand kündigte seinen Vertrag mit einem Fischdampfer, der gute Fänge erzielte und auf dem die Mannschaft viel Geld verdiente. Ich erfand eine Geschichte und erzählte nicht den wahren Grund. Davon hatte mir ein Netzmacher mit dem Hinweis eindringlich abgeraten, wer einen „Jan Maaten“ verpfeift, könne seines Lebens nicht mehr sicher sein. Und die beiden Täter waren als besonders brutal im Fischereihafen von Bremerhaven verschrien.

Dass solche Drohungen durchaus ernst zu nehmen waren und wie roh und schrecklich es in der Fischerei zuging, zeigte ein weiteres Beispiel.

Dies erfuhr ich am eigenen Leibe während meiner nächsten Seereise auf einem anderen Seitenfänger. Dort hatten Matrosen gegen Mitternacht meinen Vorgesetzten, den Schiffskoch, aus unserer gemeinsamen Kammer rausgeschleppt und über Bord geworfen. Das war einige Seemeilen hinter Island im Winter bei drei Grad Wassertemperatur.

Ich hatte geschlafen und von all dem nichts mitbekommen. Erst als man mich unsanft an der Schulter schüttelte und scheinheilig fragte, wo der Koch sei, begriff ich, dass etwas Schlimmes passiert sein musste. Der Steuermann ließ die Maschine stoppen und alle Scheinwerfer wurden angeschaltet und auf die dunkle, kalte See gerichtet, um den Koch zu finden.

Der Kapitän rief über die Seefunkstelle „Norddeich-Radio“ die Reederei an und fragte den aus dem Schlaf geholten Reedereichef, ob das Schiff umkehren solle, da der Koch scheinbar über Bord gegangen wäre. Daraufhin fragte der Reedereiboss, wie lange die Mannschaft schon das Meer nach dem Koch absuchte. Der Kapitän erklärte ihm, dass man bereits 30 Minuten nach ihm suche.

Der Reedereiboss antwortete: „Dann brecht die Suche ab, der lebt, selbst wenn ihr ihn noch findet, bei der Kälte sowieso nicht mehr. Und natürlich wird die Reise nicht beendet. Es geht weiter zum Fangplatz, Rotbarsch fischen. Es wird ja wohl noch jemand an Bord sein, der kochen kann! Gute Fahrt und guten Fang.“

Zu der Seeamtsverhandlung nach drei Monaten in Bremerhaven wurden alle Besatzungsmitglieder vorgeladen und verhört. Das Urteil lautete: Es konnte kein Fremdverschulden bei dem Tod des Schiffskoches Ernst H. festgestellt werden.

Ich schüttelte die Gedanken daran ab. Es war so traurig, so entsetzlich damals gewesen. Warum musste ausgerechnet jetzt die Erinnerung wieder in mir aufsteigen? Das war doch schon 32 Jahre her. Eine Ewigkeit, Zeit genug, all das zu vergessen. Aber es waren wohl zu einschneidende Erlebnisse für einen jungen Mann, der ich damals mit 18 Jahren noch war.

Jetzt fehlte nur noch, dass diese Unglückszahl 32 fiel. Ich war angespannt. Die Realität hatte mich wieder und ich schaute kon-zentriert auf den Kessel. Wieder rollte die Kugel, von dem Drehcroupier, so schien es mir, lässig in den Kesselrand geschnipst. Zero! Nein, doch nicht, der Blickwinkel verzerrte mir die Sicht. Die Kugel war in die 32 gefallen, ein Fach neben der Zero. Unglaublich. Gerade hatte ich es noch befürchtet. Nun war sie tatsächlich gekommen, die 32.

Wie makaber. Natürlich hatte ich nicht auf die Zahl gesetzt. Und so war die Kugel wohl grade zum Hohn in das Fach der 32 gefallen, um mich an diese schreckliche Geschichte zu erinnern.

So langsam stellte ich mir die Frage, ob es vielleicht doch möglich war, in einen anvisierten Zahlenbereich im Kessel zu werfen? Und wenn ja, hatten nur die „alten Hasen" unter den Croupiers diese durch jahrelange Berufspraxis ermöglichte Fähigkeit entwickelt? Natürlich konnte nicht erwartet werden, dass die Beeinflussung immer gelang, da waren die Rhomben, Hindernisse im Kessel, schon davor.

Aber würde es nicht rein rechnerisch reichen, wenn die Versuche zu 51 % Erfolg hätten?

Wäre es Betrug am Spielbankbesucher, wenn der Croupier den Kugellauf beeinflussen könnte? Wäre es ein Betrug unter Augenzeugen, unter Kontrolle modernster Prüfgeräte, ein Betrug vor den Augen der Fachleute, der dennoch nie nachgewiesen werden könnte?

Weil der Kritiker für den Vorgang, dass einige Zahlen mehrfach hintereinander erschienen, andere wiederum über weite Strecken ausblieben, nur eine einzige Erklärung der Spielbank erhielt: „Zufall!" Diese Gedanken beschäftigten mich, ich durfte jetzt nicht den Anschluss verpassen.

„Die gleiche Annonce wie eben", hörte ich mich wie aus weiter Ferne sagen.

„Es fehlt noch ein Stück, der Herr, sie setzen doch immer noch Zero mit", bekam ich zur Antwort.

Da klingelte das Telefon. Herrje, ich hatte vergessen, mein Handy abzustellen. Normalerweise war das Benutzen eines Handys in der Spielbank verboten, aber das galt für mich nicht. Welcher Idiot rief jetzt an, wo ich in eine Gewinnserie kommen würde.

„Hallo Klaus, hier ist Torben", hörte ich. Ach du gute Güte, ausgerechnet Torben R., ein guter Freund von mir. Was heißt ein guter Freund? Ich hatte gar keine Freunde mehr, weder gute noch schlechte.

Ja, bis auf Torben eben. Ich hatte mich immer gefreut, wenn er anrief, und das würde sicherlich auch für die Zukunft gelten, aber jetzt, ausgerechnet jetzt? Am wenigsten war mir danach, jetzt mit ihm, überhaupt mit jemandem zu sprechen, aber ich konnte ihn doch nicht einfach abwimmeln.

Andererseits wollte ich ihm auch nicht sagen, wo ich war. Ein einst erfolgreicher Unternehmer, der eine Firma mit fast 70 Millionen DM Jahresumsatz in fünf Jahren aus dem Boden gestampft hatte, hockte in einem Spielcasino, vernachlässigte Freunde und Familie und verspielte sein Vermögen.

Das konnte ich Torben doch nicht klarmachen. Der müsste doch denken, dass ich nicht mehr alle beisammen hatte. Außerdem war er Chefredakteur bei einer Tageszeitung, der würde mir nur unangenehme Fragen stellen und womöglich anschließend alles seiner Frau erzählen, die ich sehr schätzte und von der ich nicht wollte, dass sie von „meinem Hobby“ erfuhr.

„Hallo Torben, ich freue mich, dass du anrufst.“ Schnell war ich vom Roulettetisch aufgestanden, damit mein Freund nicht das Geräusch der Kugel im Kessel und die Ansagen der Croupiers hörte. Ich war mir zwar nicht sicher, ob er meinen Aufenthaltsort erahnen konnte, wollte aber auch nichts riskieren.

„Wo ich bin? Grad in einer Besprechung, Torben, kann ich dich später zurückrufen?“ „Wie, so spät noch?“ Wie spät war es denn? Oh je, das glaubte der mir doch nie.

„Nein, ich ruf dich morgen wieder an“, hörte ich ihn da schon sagen.

„Danke für dein Verständnis, Torben, tschüss bis morgen.“

„21 Rouge, Impair.“ Das war jetzt der Croupier.

Wieso 21, habe ich jetzt mitgespielt oder nicht? Es lagen keine großen Jetons mehr auf dem Tableau, also hatte ich schon ein Spiel verpasst. Glück gehabt, nicht auszudenken, wenn jetzt während des Telefonats meine 17 gekommen wäre!

Er hatte bestimmt was gemerkt, mein Freund Torben, der war doch nicht blöd! Sei's drum. Morgen würde ich ihm am Telefon eine überzeugende Erklärung geben müssen für meine abweisende Art. Das war er von mir nicht gewohnt. So hatten wir noch nie, immerhin kannten wir uns schon über 15 Jahre, miteinander kommuniziert.

„Herr Schmidt, wir beobachten Sie schon den ganzen Tag, es läuft aber wirklich schlecht für Sie." Mit diesen Worten beugte sich der Saalchef zu mir herunter.

Ich hatte mittlerweile meinen Platz am Roulettetisch verlassen, saß einige Meter entfernt in einer Sitzgruppe und beobachtete das Geschehen von dort. Drei Schritte brauchte ich nur bis zum Spieltisch, sodass ich kein Spiel auslassen musste.

„Herr Schmidt, Sie haben den ganzen Tag noch nichts gegessen. Das Haus lädt Sie gerne ein, wir können Ihnen etwas holen lassen."

„Ja, aber Sie haben doch nur eine Bar hier im Haus, wo wollen Sie denn etwas zu essen herkriegen, um diese Zeit noch?"

„Das soll Ihre Sorge nicht sein, Herr Schmidt, sagen Sie mir, was Sie möchten, und wir beschaffen es für Sie."

„Fisch, dann bringen Sie mir frischen Fisch", forderte ich ungeniert und ich war sicher, dass sie mein Wunsch um diese Uhrzeit vor große Probleme stellen würde.

Das war meine kleine Rache für den verlustreichen Ablauf des bisherigen Abends. Tatsächlich hatte ich den ganzen Tag noch nichts gegessen, war schon ziemlich hungrig und außerdem begeisterter Fischesser. Fischgerichte waren mir seit meiner Jugendzeit ein liebgewordenes Essen. Ein Hochgenuss war Tiefseefisch, und dann noch fangfrisch aus dem Wasser, das hatte was. In diesen Genuss kamen allerdings nur die wenigsten Menschen. Mir war dieses lukullische Vergnügen erstmals vor über 30 Jahren zuteilgeworden, aber um welchen Preis? Wenn ich das jetzt bedenke. Und wieder kam mir die „Fischerei“ in den Sinn. Die ließ mich heute einfach nicht los.

Auf dem Fischdampfer

Dabei fing alles so vielversprechend an. Ich hatte 1968 einen Seemannskumpel getroffen, der mir von der Fischerei vorschwärmte. Man könne dort sehr viel Geld verdienen, ein Vielfaches mehr als in der Seefahrt allgemein üblich. Ich war seinerzeit ohne Schiff. Der Norddeutsche Lloyd hatte mir einen „Sack gegeben", eine seemännische Umschreibung für eine Kündigung. Nur weil ich an Bord der „TS Bremen" als Liftboy mit einer hübschen Inderin „geknutscht" hatte. Das war, unter Androhung einer fristlosen Kündigung, den Besatzungsmitgliedern streng verboten. Es durfte weder mit einer Inderin noch mit anderen weiblichen Passagieren geknutscht werden.

Also suchte ich das Heuerbüro der Fischdampferreederei „Carl Kämpf" im Fischereihafen von Bremerhaven auf. Der Heuerbaas, so nannte man den für die Einstellung der Besatzung verantwortlichen Bürovorsteher, musterte mich eingehend bei der Vorstellung. Er versuchte sicherlich abzuschätzen, ob ich für die schwere Arbeit auf einem Fischdampfer geeignet war.

„Schmidt, du kannst morgen als Kochsmaat auf der ‚Krüss' mitfahren", lautete seine Einschätzung.

„Ich kann aber nicht kochen", hielt ich ihm entgegen.

„Für das Kochen ist der Koch zuständig, du musst Kartoffeln schälen, Gemüse putzen und abwaschen, klar?", bollerte er mich an.

„In Ordnung, das mach ich. Kann ich einen Vorschuss haben?", traute ich mich zu fragen.

„Geh zum Seemannsamt und komm mit dem unterschriebenen Heuerschein wieder her, dann kriegst du 50 Mark."

Die „Johannes Krüss" gehörte, für damalige Zeiten, zu den mo-

dernen Seitenfängern. So nannte man Fischdampfer, die das Fangnetz über die Schiffsseite einholten, meistens war es die rechte Seite, die Steuerbordseite, wie es ein Seemann auszudrücken pflegt.

Gefischt wurde unter Island, und zwar mit einem Grundschleppnetz. Das wurde in einigen hundert Metern Tiefe auf dem Meeresgrund entlanggezogen. Damit sich das Netz aufstellte und die Fische in das Netz schwimmen konnten, waren an den Kurrleinen, direkt einige Meter vor der Netzöffnung, zwei riesige Scherbretter befestigt. Durch den Zug auf die Leinen im Wasser stellten sich die Scherbretter hoch und öffneten somit das Netz. Die Scherbretter hatten die Größe von zwei Haustüren, waren aus Eichenholz, bestimmt 20 Zentimeter dick und mit den Stahlbeschlägen über eine Tonne schwer. Das war mehr, als der Goggo von meinem Onkel Karlheinz wog, und der schien mir in meiner Kindheit ein richtiger Straßenkreuzer zu sein.

Um zu verhindern, dass das Netz sich auf dem Meeresboden verhakte, waren an der Unterseite zwölf Stahlkugeln in der Größe eines Strandballes befestigt, damit das Netz über kleinere Hindernisse hinwegrollen konnte. Am Fangplatz wurde dann ein solches Schleppnetz heruntergelassen, und der Fischdampfer schleppte nun ein paar Stunden das Netz hinter sich her. Der Kurs war davon abhängig, wo der Fisch „stand". Das konnte der Käpt'n auf der Brücke auf dem Bildschirm seines elektronischen Fischfinders erkennen.

Nach einer Stunde stand ich wieder im Büro dem Heuerbaas gegenüber. Ich reichte ihm den unterschriebenen und gestempelten Heuerschein. Gestempelt war auch wichtig, denn es gab Matrosen, die fälschten einen Heuerschein, um an einen Vorschuss zu gelangen. Sie versoffen dann das Geld und fuhren nicht mit dem Schiff raus, liefen zur nächsten Reederei und dasselbe Spielchen begann von vorn. Damals war es Usus, dass derjenige einen Vorschuss be-

kam, der einen Heuerschein im Büro der Reederei vorzeigen konnte, bei der er unter Vertrag stand.

Dazu muss man wissen, dass die Fischdampferreedereien händeringend nach Personal für ihre Schiffe suchten. Nur die wenigsten Seeleute wollten auf einem Fischdampfer zur See fahren. Die Heuer war zwar im Vergleich zu anderen Schiffen sehr gut, aber die Arbeit an Bord war schwer und sehr gefährlich.

Besatzungsangehörige, die mehrere Jahre in der „Fischerei" tätig waren, hatten oft schon einen Unfall an Bord gehabt. Nicht wenigen wurde der Beruf zum Verhängnis, und sie ließen ihr Leben auf See. Diese Bedingungen machten es den Reedereien nicht leicht, für ihre Schiffe ausreichend fachkundiges Personal zu finden. Da wurde schon mal ein besoffener Matrose aus seiner Hafenkneipe „ausgelöst" und von dem Büroassistenten an Bord gebracht.

Wenn der Matrose dann am nächsten Morgen seinen Rausch ausgeschlafen hatte, schwamm das Schiff bereits in der Außenweser vor Bremerhaven und er hatte keine Chance mehr, den Dampfer zu verlassen. Früher nannte man das auch „Shanghaien", was streng genommen nicht erlaubt war, aber der Matrose fügte sich in sein Schicksal, da er andererseits auch froh war, wieder Schiffsplanken unter den Stiefeln zu haben. Außerdem brauchte er „frisches" Geld, denn seine letzte Heuer hatte er in einer Hafenkneipe mit dem poetischen Namen „Rosengarten" durchgebracht.

So waren alle zufrieden. Die Reederei konnte den Dampfer auslaufen lassen, da das Soll der Mindestanzahl von Besatzungsmitgliedern erfüllt war, und der Matrose hatte eine Koje und etwas Warmes zu essen. Seine Frau konnte, nachdem sein Dampfer die Schleuse im Fischereihafen verlassen hatte, zum Reedereibüro gehen und sich einen Geldbetrag mit ihrem „Ziehschein" abholen.

Ein „Ziehschein" war wie Bargeld, und der Begriff erinnerte irgendwie an das Monopoly-Spiel, wo es auch heißt: Ziehe 4.000

Mark ein. Mit unserem „Ziehschein" war es ja ähnlich, auch damit konnte Geld „eingezogen" werden. Meist von der Frau des Matrosen oder manchmal auch von der Freundin, was aber die Frau nicht wissen durfte.

Vielen Matrosen war von der Heuer der letzten Reise nichts übrig geblieben, und so bekamen die Frauen mit ihrem „Ziehschein" einen Vorschuss auf die Heuer der gerade begonnenen Fangreise des Schiffes. So war gewährleistet, dass die Familie an Land ihre Wohnungsmiete bezahlen konnte und nicht hungern musste.

Einige Reedereien zahlten allerdings erst einen Vorschuss auf den Ziehschein, wenn der Dampfer nicht mehr am Horizont zu sehen war. Denn es kam nicht selten vor, dass ein Matrose, nachdem seine Frau den Vorschuss in der Tasche hatte, das Schiff in der Schleuse verließ. Der Kapitän war dann gezwungen, die Reederei über UKW-Sender anzufunken und um einen Ersatzmann nachzufragen. Wenn die Mindestsollstärke der Besatzung nicht erreicht war, aus welchen Gründen auch immer, durfte das Schiff nicht auslaufen. Da hatte die Wasserschutzpolizei, alarmiert durch den Schleusenwärter, ein Auge drauf.

Da gab es dann jedes Mal großes Trara. Das Schiff lag in der Schleuse fest und die Reederei suchte hektisch nach einem Ersatzmann. Da wurde dann schon mal der Erstbeste genommen, der greifbar war. Oft hatte ich den Büroleiter mit seinem VW-Bus die Hafenkneipen abfahren sehen, auf der Suche nach „Nachschub". Und während er versuchte, einen Matrosen aus dem Lokal „Zum Kabeljau" herauszulotsen, machten sich die zwei bereits in dem vor der Kneipe wartenden VW-Bus „Eingefangenen" aus dem Staube. So begann das Spielchen von vorne, und der Büroleiter konnte einem schon manchmal leidtun.

Ich aber hatte solche Verrücktheiten nicht vor. Außerdem war mir Alkohol zuwider, und so kaufte ich mir von dem Vorschuss lieber eine Hose und ging ins Kino. Es gab den „Tiger von Eschnapur" mit Willy Birgel in der Hauptrolle. Von dem schwärmte meine Großmutter so sehr, dass sie mich auf den Film neugierig gemacht hatte. Na ja, das war wohl doch eine andere Welt. Da hätte ich mir mal besser den neuen Beatles-Streifen ansehen sollen, aber der lief leider nicht in Bremerhaven.

Der Büroleiter hatte mir und einem Leichtmatrosen versprochen, uns zum Essen beim Chinesen einzuladen, wenn ich meine langen Haare abschneiden lassen würde, weil das doch als Kochsmaat nicht geht, lange Haare und so. Chinesisches Essen war damals sehr gefragt und nicht billig. Daran kann man mal erkennen, was der Reederei der Nach- oder besser der Haarwuchs wert war. Mir sollte es recht sein, denn nach dem Friseurbesuch gab's als „Nachtisch" Chop Suey.

Der nächste Tag fing weniger erfreulich an. Die „Johannes Krüss" war zwar ein moderner Seitenfänger, aber die Begrüßung durch den Koch Peter war nicht gerade aufbauend.

„Bist du schon mal in der Kombüse gefahren?", fragte er mich.

„Nein, noch nie", gab ich ihm ehrlich zur Antwort.

„Von welcher Reederei kommst du, was war dein letzter Dampfer?", kam die nächste Frage.

„Norddeutscher Lloyd, und das Schiff war die Bremen."

„Die ‚Bremen' ist doch von der Nordsee, das ist doch ein alter Seitenschluren, wer fährt denn da drauf?", fragte er mich dann.

„Nein, das ist eine Verwechslung, die ‚Bremen' ist ein Passagierschiff mit 500 Mann Besatzung. Das ist kein Fischdampfer."

„Von einem Musikdampfer kommst du?", schaute er mich ungläubig an. „Na dann, gute Nacht!" Und bei diesen Worten verdrehte er die Augen.

Mir war klar, dass in der Fischerei ein anderer Wind wehte als auf den eleganten Passagierschiffen, aber dass es in den nächsten Jahren so schlimm für mich kommen sollte, das hätte ich mir nicht in meinen ärgsten Albträumen vorstellen können. Wenn ich davon nur ansatzweise etwas geahnt hätte …

„Herr Schmidt, Ihre Fischplatte, wo dürfen wir Sie Ihnen hinstellen?"

Ich kehrte zurück aus meinen Träumereien und schaute hoch. Zwei Pagen hielten mir eine riesige Silberplatte mit verschiedenen Fischsorten entgegen. Was für eine Frage? Ich war versucht zu antworten: „Auf den Roulettetisch!" Doch ich sagte brav:

„Stellen Sie alles auf den Beistelltisch." Donnerwetter, sie hatten es doch tatsächlich geschafft, um Mitternacht noch Fisch aufzutreiben, und es gab auch noch Salat dazu!

Ich konnte ihre Reaktion nicht abwarten, denn ich musste schleunigst zum Roulettetisch und annoncieren: „Das Complet der 17 mit einem Nachbarn und ein Stück Zero, à 600 Mark." Ich legte 7.200 Mark in Jetons auf das Tableau, und der Kopfcroupier nahm die Summe entgegen, während er meine Annonce wiederholte. Das musste er auch laut und deutlich tun, damit die Ansage vom Tischchef gehört werden konnte. So wurden später Missverständnisse bei der Zuordnung der Gewinnjetons ausgeschlossen.

Ich ging zur Sitzecke zurück, da hatte ich meine Ruhe und konnte den Roulettetisch beobachten und gleichzeitig mitspielen, obwohl man meinen Platz am Roulettetisch durch ein aufgestelltes Kärtchen reserviert hatte. Mehrmals schon hatten

Gäste zwischendurch versucht, diesen Platz einzunehmen, wurden dann immer höflich, aber bestimmt darauf hingewiesen, dass der Platz reserviert war, obwohl ich ihn schon eine geraume Zeit nicht mehr in Anspruch genommen hatte.

Die hätten mir wahrscheinlich auch den kompletten Roulettetisch reserviert, bei der Höhe meiner Verluste.

„31, Schwarz, Impair", schnarrte der Croupier.

Nicht 17, nicht Zero, rein gar nichts. Die 31 lag fast gegenüber der 17 auf der anderen Seite des Kessels. Dieser Vollidiot von Croupier, da guckte er mich auch noch mitleidig an. Begriff der denn überhaupt nichts? Wenn ich nur verlor, was glaubte denn der, woher das Trinkgeld für sein Gehalt kommen sollte?

Das war der Croupier, der erst vor ein paar Wochen eingestellt worden war. Am 31., ein böses Omen, dachte ich da nur. Zudem fiel mir ein Dialog zwischen ihm und dem Casinodirektor ein.

Dialog zwischen Spielbank-Direktor und Croupier

Direktor: *„Also, Herr Naivere, haben Sie sich eingelebt?“*

Croupier: *„Ja, Herr Direktor, das schon, aber für mich ist dieser Beruf noch neu. Alles ist so ungewohnt. Und wenn ich ehrlich sein darf? Es ist mir unangenehm zu wissen, dass wir unseren Besuchern das Geld abnehmen.“*

Direktor: *„Na, mein Lieber, was sind denn das für Worte? ‚Geld abnehmen‘ – wir bieten unseren Gästen eine moderne Freizeitbeschäftigung. Der Gast soll Spaß haben. Fun and Action, wie unsere Marketing-Strategen sagen. Und außerdem, wir haben keine Besucher. Besucher gibt es im Museum. Und da wird nur geguckt. Vom Gucken aber können wir Ihr Gehalt nicht zahlen, darum sehen wir unsere Besucher als ‚Gäste‘ – um die wir uns intensiv zu kümmern haben.“*

Croupier: *„Entschuldigung, Herr Direktor, das mit dem ‚Geld abnehmen‘ ist mir so rausgerutscht.“*

Direktor: *„Schon gut, schon gut. Sie müssen unsere Gäste mit dem größten Respekt behandeln, schließlich sichern Sie Ihren Arbeitsplatz, das dürfen Sie nie vergessen! Sie müssen alles dafür tun, dass sich der Gast bei uns wohlfühlt. Nur dann kommt er wieder. Und das wollen wir doch alle, nicht wahr?“*

Croupier: *„Ja, natürlich, Herr Direktor. Das wollen wir alle.“*

Direktor: „*Haben Sie sonst noch etwas, was ihnen am Herzen liegt?*"

Croupier: „*Ja. Seit ein paar Tagen kommt da ein neuer Gast, und der spielt mit sehr hohen Einsätzen. Hat das seine Richtigkeit? Ich meine, woher hat der das viele Geld. Nicht, dass der ein Bankräuber ist oder so was.*"

Direktor: „*Da machen Sie sich mal keine Sorgen, lieber Herr Naivere. Das haben wir schon gecheckt. Vergessen Sie nicht, unsere Muttergesellschaft ist die Landesbank. Da genügt ein Anruf und wir wissen alles über den Gast, was wir wissen müssen. In dem aktuellen Fall kann ich sagen, dass es sich um einen vermögenden Geschäftsmann handelt. Also muss alles Erdenkliche getan werden, damit er wiederkommt und nicht bei der Konkurrenz spielt. Haben wir uns verstanden?*"

Croupier: „*Jawohl, Herr Direktor.*"

Direktor: „*Sie sind jetzt seit vier Wochen bei uns. Gefällt es Ihnen?*"

Croupier: „*Oh ja, sehr. Es ist aufregend und sehr spannend.*"

Direktor: „*Sie haben sicher schon bemerkt, dass wir Gäste aus allen sozialen Schichten haben; da wird große Anpassungsfähigkeit von Ihnen verlangt.*"

Croupier: „*Ja, Herr Direktor. Das habe ich schon feststellen können. Neulich war wieder die Frau Meier da. Der Kol-*

lege Dirksen erzählte mir, dass sie Rentnerin ist, immer am Monatsanfang kommt und Blackjack spielt."

Direktor: *„Ja, ja, die Frau Meier, eine alte Stammkundin von uns. Eine nette ältere Dame, aber immer noch fleißig bei den Karten dabei.*

Übrigens, Herr Naivere, das mit den Namen lassen Sie mal. In einer Spielbank werden keine Namen – weder von Gästen noch von Mitarbeitern – genannt. Diskretion, Sie verstehen? Außerdem sind Namen doch Schall und Rauch."

Croupier: *„Ich habe den Eindruck, dass die besagte ‚ältere Dame' nach ein paar Tagen ihre Rente verspielt hat und danach finanzielle Not leidet."*

Direktor: *„Richtig, mein Lieber. Beobachtungsgabe ist eine sehr wichtige Voraussetzung für den Beruf eines Croupiers. Da muss ich mir bei Ihnen wohl keine Sorgen machen, das merke ich schon. Respekt! Machen Sie weiter so. Dann steht Ihrer Karriere nichts mehr im Weg. Gibt es noch etwas, was Sie wissen möchten?"*

Croupier: *„Ich weiß nicht, Herr Direktor. Ich möchte nicht Ihre kostbare Zeit stehlen."*

Direktor: *„Aber Herr Naivere! Hier stiehlt niemand etwas. Und schon gar nicht die Zeit. Das Humankapital eines Unternehmens, äh, ich meine das Personal, also Sie, Sie sind ein Faktor bei der Erreichung wirtschaftlicher Ziele der Betreibergesellschaft. Kurzum, wir brauchen*

Sie. Sie sind uns wichtig. Aber ich habe Sie unterbrochen. Was wollten Sie sagen?"

Croupier: *„Ich? Ja ..., ich weiß nicht. Die Rentnerin ...?"*

Direktor: *„HERR Croupier! Die Rentnerin ist froh, dass sie zu uns kommen darf. Wir behandeln sie zuvorkommend, sie wird wie alle unsere Stammkunden freundlich begrüßt. Sie führt nette Gespräche mit gleichaltrigen Gästen und trinkt Kaffee mit ihnen. Das bietet ihr sonst niemand. Selbst ihre Kinder kümmern sich nicht um sie, hat sie mir einmal anvertraut. Und da machen Sie sich Gedanken um das Wohlbefinden von Frau Meier? Wir erfüllen hier soziale Aufgaben, bieten älteren Gästen menschliche Wärme. Außerdem verhindern wir, dass Frau Meier ins ‚Rotlichtmilieu' abwandert und dort um ihre Rente gebracht wird. Schließlich hat uns der Staat ja zur Aufgabe gemacht, die Bevölkerung vor illegalem Glücksspiel zu schützen!"*

Croupier: *„Entschuldigen Sie, Herr Direktor. Das habe ich nicht bedacht. Aber wenn wir Frau Meier vor dem Glücksspiel schützen sollen ...?"*

Direktor: *„Vor dem illegalen, lieber Herr Croupier. Vor dem illegalen Glücksspiel müssen wir unsere Gäste schützen! Ich hoffe, Sie verstehen den Unterschied!"*

Croupier: *„Ja, natürlich, selbstverständlich, Herr Direktor. Es ist doch alles nicht so einfach, bis man es durchschaut hat."*

Direktor: *„Darum zahlen wir Ihnen ja auch ein fürstliches Gehalt!"*

Croupier: *„Dazu möchte ich auch etwas …"*

Direktor: *„BITTE?"*

Croupier: *„N…ichts! Ich wollte nichts sagen. Ich bin sehr zufrieden. Obwohl, etwas irritiert mich schon, Herr Direktor. An meiner vorherigen Berufskleidung als Bankangestellter waren die Taschen nicht zugenäht. Hat das Unternehmen kein Vertrauen zu seinen Angestellten?"*

Direktor: *„Aber ich bitte Sie, lieber Herr Kollege. Ihre Taschen haben wir doch nur zu Ihrem Schutz zunähen lassen. Was glauben Sie, auf was für Ideen dieses Volk manchmal kommt. Die sind imstande und stecken Ihnen, weil sie wütend auf Sie sind, ohne dass Sie es merken, einen Jeton in Ihre Dienstjacke, und dann bekommen Sie Probleme. Sehen Sie, und davor wollen wir Sie schützen."*

Croupier: *„Das verstehe ich, Herr Direktor. Da bin ich aber froh, dass Sie so um das Wohlergehen der Belegschaft besorgt sind. Und die Finanzbeamten, warum sind die immer da?"*

Direktor: *„Na, die kontrollieren, ob alles seine Ordnung hat. Der Gast soll sich schon sicher fühlen, nicht wie in einer Zockerspelunke."*

Croupier: *„Verstehe. Die achten auch darauf, ob gestohlenes oder unversteuertes Geld eingesetzt wird."*

Direktor: *„Ja, ja …"*

Croupier: *„Aber warum haben die Beamten auch Schlüssel zu den Kassen und Münzautomaten? Hat das Finanzamt so wenig Vertrauen zu unserer Geschäftsleitung?"*

Direktor: *„Herr Naivere, bevor ich es vergesse, kennen Sie eigentlich schon unsere neue Klubzeitung? Da stellen wir unsere Kompetenz auf dem Unterhaltungsmarkt wieder einmal hervorragend dar. Müssen Sie sich mal ansehen, in Ihrer Pause.*

Es ist noch etwas Zeit, bis wir öffnen. Wenn Sie noch Fragen haben; nur Mut. Sie kennen doch das Sprichwort, dass es keine dumme Fragen gibt, nur dumme Antworten."

Croupier: *„Ja, also gestern, da hat ein Kollege einen Gast zur Seite genommen und ihm eine Broschüre von einer Therapeutin gegen ‚Glücksspielsucht' überreicht. War das denn richtig? Kann man denn vom Spielen überhaupt süchtig werden?"*

Direktor: *„Da hat Ihr Kollege sehr umsichtig gehandelt. Im Interesse des Gastes – und nur das steht im Vordergrund unserer Geschäftspolitik – wurde dem Betroffenen nahegelegt, eine Beratung aufzusuchen.*

Der Gast war in letzter Zeit doch sehr nervös und hektisch, wenn er von einem Spieltisch zum anderen hetzte. Das ist nicht gut für ihn. Da hilft es ihm sicherlich, eine kleine Pause einzulegen. Außerdem müssen wir auch an unsere anderen Gäste denken und sie vor den Betteleien Mittelloser schützen.

Und was Ihre Frage zur so genannten ‚Spielsucht' betrifft, kann ich Ihnen nur sagen: Ich bin seit über 20 Jahren in dieser Branche beschäftigt. Noch nie habe ich einen spielsüchtigen Gast bemerkt. Und wenn es sie wirklich geben sollte, könnten wir sie nicht ausmachen! Oder sind Sie ausgebildeter Mediziner?"

Croupier: *„Natürlich nicht."*

Direktor: *„Na, sehen Sie."*

Croupier: *„Ich bin Ihnen sehr dankbar, Herr Direktor, dass Sie mir das alles so eindringlich erklären. Das bringt mich weiter."*

Direktor: *„Uns auch, mein Lieber, uns auch (lacht). Außerdem, um das Thema ‚Spielsucht' damit zu beenden, schaffen wir eine nicht unerhebliche Zahl an Arbeitsplätzen in sozialen Einrichtungen. Dankbar sollten uns die Quasselköppe, äh, Therapeuten dafür sein und uns nicht noch anprangern. Aber so ist das Leben, mein Lieber. Undank ist der Welten Lohn.*

Aber nicht nur die Therapeuten, auch die Gäste sind undankbar. Sind sie es doch, die unser Geld haben wollen. Darum und nur darum kommen sie zu uns. Und sie kommen freiwillig. Wir zwingen sie doch nicht, oder?

Was glauben Sie, wie sich die Mischpoke freuen würde, wenn es jemandem gelänge, unsere Bank zu sprengen. Das Geld unserer Landesbank, unser Geld, Ihr Geld. Ihr Gehalt, lieber Kollege, in den Händen von gierigen Zockern!

Und was soll dann aus Ihrer Familie werden, wenn wir ruiniert sind? Das können Sie nicht wollen! Das will niemand von uns! Und darum erkläre ich Ihnen heute die Zusammenhänge."

Croupier: *„Herr Direktor, jetzt fange ich an, richtig zu verstehen …"*

Direktor: *„Ja, Sie verstehen es jetzt. Aber was ist mit all den Anderen dort draußen, die uns Habgier und Rücksichtslosigkeit unterstellen? Auch die Medien sind so ungerecht zu uns. Dabei tun wir so viel Gutes.*

Dem Finanzamt überweisen wir Hunderte von Millionen als Spielbankabgabe. Soziale Einrichtungen bekommen ebenfalls Mittel in Millionenhöhe von uns. Von den unzähligen Spielern, die mit ihren Gewinnen nach Hause gehen, wollen wir erst gar nicht reden.

Wir schaffen Arbeitsplätze und ernähren Familien durch unsere Tätigkeit. Und was ist der Dank dafür? Man bezeichnet uns als Tempel des Unglücks (schluchzt), als Spielhölle! Haben wir das verdient?"

Croupier: *„Ich …, Herr Direktor, – so beruhigen Sie sich doch, Sie tun mir so leid. Ich wollte Sie nicht …!*

Sie haben ja so Recht. Wie ungerecht die Menschen sein können."

Direktor: *„Nun ja (wischt sich mit der Hand über die Augen), das ist nun mal unser Los. Tragen wir es tapfer im Interesse des Gemeinwohls" (und mit Blick auf die Eingangstür:)*

„Ah, da kommen ja auch schon unsere ersten Patienten, äh, Gäste."

Genau das war's, so dachten die meisten Angestellten der Spielbank. Wir, die Spieler, waren nur kranke Patienten, die hier am Roulettetisch ihr Geld ablieferten. Wahrscheinlich traf das sogar den Punkt.

„Bitte holen Sie mir noch eine Schachtel Zigaretten", bat ich den Pagen, der zwar auch von meinem Geld lebte, aber nicht so abgebrüht wie manch einer der Croupiers wirkte.

Die Fischplatte hatte ich lustlos hinuntergeschlungen – ich meine natürlich den Fisch darauf, obwohl mir mein Magen eher den Eindruck vermittelte, dass es doch die Platte war. Stunden ohne Pause am Roulettetisch, fünf Orangensäfte und drei Päckchen Zigaretten, was für ein elendes Dasein. Dabei durfte ich mich doch nicht beschweren, ich hatte es mir ja so ausgesucht, ich war doch freiwillig hier, oder? Natürlich war ich freiwillig hier. Ich konnte ja jederzeit aufhören und gehen. Ich musste nur erst mal in die Gewinnzone kommen, dann würde ich aufhören. Sofort.

„Nehmen Sie die 12 Plein Chevaux, mit der 17 und Zero", war meine nächste Ansage an den Croupier. Abergläubisch war ich zwar nicht, aber es war Mitternacht, also wenn schon nichts mit meinen Zahlen lief, dann vielleicht mit dem „Hausfrauensystem“: Geburtsdaten, Hausnummern, Tagesdatum, Alter des „Alten“ oder was weiß ich noch für ominöse Zahlenverbindungen. Das Jahr hat zwölf Monate, also her mit der 12!

11! Wieso denn die 11? Wer will denn die 11? 12 habe ich gesagt und gesetzt! Die 11 liegt auf dem Tableau zwar neben der 12, im Kessel jedoch fast gegenüber. Nichts, wieder mal nichts!

Ich musste mich beherrschen, das war einfach nicht zu fassen. Selbst die Umstehenden am Tisch schienen Mitleid mit mir zu haben, obwohl einige von ihnen wohl schon pleite waren, wie an ihrem Verhalten unschwer zu erkennen war. Ich war auf dem besten Wege, es ihnen gleichzutun.

364.000 Mark, die ich heute Nachmittag gewechselt hatte, waren bis auf 80.000 Mark zusammengeschmolzen. Das konnte nicht verwundern, wenn in einer Stunde circa 20 Spiele am Roulettetisch liefen, so war das bei einem durchschnittlichen Einsatz von nur 3.000 Mark pro Spiel; wenn man nicht gewann, bedeutete das einen Verlust von 60.000 Mark in der Stunde!

Das hatte ich noch nicht einmal im Monat verdient, was ich hier in einer Stunde verspielte. Und ich hatte ein sehr gut gehendes Unternehmen in Delmenhorst mit aufgebaut. Innerhalb von fünf Jahren brachte ich die Firma von null auf 69 Millionen Umsatz, mit zuletzt über 70 Angestellten. Das Manager-Magazin hatte mich kontaktiert, sie wollten mich zum Manager des Jahres küren. Wir, meine Partner und ich, hatten ein Produkt in Deutschland eingeführt, dessen hoher ökologischer Nutzen uns vom damaligen Bundesumweltminister persönlich bestätigt wurde.

Das Unternehmen und unser Produkt waren in allen nur erdenklichen Medien präsent, woraufhin wir von Cadbury-Schweppes in England dann auch bald zusätzlich die Vertriebsrechte für die Benelux-Länder übertragen bekamen. Da ich weder Französisch noch Holländisch sprach, reifte der Entschluss, ein Tochterunternehmen in Luxemburg zu gründen. Alle Luxemburger sprechen auch Deutsch, weil sie es als Kind schon in der Schule lernen.

Na, da kamen die ersten Ängste bei unseren Angestellten auf. Man hörte Luxemburg und dachte an Firmenverlagerung, Steuerparadies, Schwarzgeld und was weiß ich noch für verrückte Dinge. Dass man dort auch Steuern – übrigens nur geringfügig weniger als in Deutschland – zahlen musste, war scheinbar den Wenigsten bekannt.

In Luxemburg angekommen, überraschte mich als Erstes ein kleines Plastikschild der Sparkasse aus Bremen in einem Seitengang des Boulevard Royal. Das war schon eine lustige Überraschung. Was machten die denn hier?

Auf jeden Fall verband ich mit Luxemburg angenehmere Erinnerungen als mit der Spielbank, in der ich mich jetzt befand und die nächsten 2.500 Mark auf die 11 Plein Chevaux setzte. Und wieder drehte die Kugel ihre Runden. Sie sirrte im oberen Bereich des Kessels herum, und man hatte den Eindruck, sie würde nie herunterfallen. In eines der Fächer, auf die alle starrten, – ein jeder auf das von ihm gesetzte – mit geradezu hypnotischem Blick das Fach der gewünschten Zahl nicht aus dem Auge lassend.

Klick, Klicker, Klack, die 17! Den ganzen Tag spielte ich auf die 17. Jetzt, ausgerechnet bei diesem Spiel hatte ich auf die 11, meinen Geburtsmonat, gewechselt. Der dunkelhaarige Croupier hatte mir irgendwann im Laufe des Abends noch gesagt, dass es gefährlich sei, auf die „toten" Zahlen zu setzen. So werden Zahlen genannt, die über einen ungewöhnlich langen

Zeitraum und gegen jede mathematische Wahrscheinlichkeitsrechnung ausbleiben.

Ich aber war stur geblieben und hatte nicht auf ihn gehört. Bis eben gerade, als ich die Zahl gewechselt hatte. Und was passierte? Prompt kam die 17! Wer das nicht selbst miterlebt hat, glaubt es nicht. Es schien sich alles gegen mich verschworen zu haben. Ich konnte machen, was ich wollte, es war falsch! Enttäuschung und Angst erfassten mich, was sollte ich nur tun?

Ich wusste mir keinen Rat mehr, und niemand war in Sicht, der mir helfen würde. Auf was hatte ich mich da eingelassen?

Mittlerweile hatte das Croupierteam gewechselt, aber das würde auch nichts mehr ändern. Und außerdem, mehr als verlieren konnte ich ja nicht. Jetzt war mir alles egal.

Also rauf mit den Jetons. „17 Plein Chevaux mit einem Nachbarn, die 14 Plein Chevaux mit einem Nachbarn und Zero eins à 500 Mark. Macht summa summarum 8.500 Mark." Ich ließ mich in den Sessel am Roulettetisch fallen.

Warum hatte ich diesen Tag nicht anders gestaltet? Ich hatte meinen Sohn besuchen wollen. Seit einer Woche stand ich mit meinem Reisemobil auf dem Campingplatz am Bremer Unisee, und er glaubte, ich würde in Holland auf unserem Boot sein. Auf der „Broom 37", die ich von einem Teil der fünf Millionen Mark aus dem Verkauf meiner Firmenanteile erworben hatte. Nein, ich war nicht in Holland, ich war hier in dieser Drecksspielbank und drauf und dran, mein Vermögen zu verspielen! Vielleicht hätte ich mich besser doch mehr um meine Familie kümmern sollen.

Dann wäre mir wahrscheinlich dieser Maitag 1998 erspart geblieben, wo ich durch Werbung im Radio neugierig geworden, mit einem Angestellten meiner ehemaligen Firma die

Spielbank in Bad Zwischenahn aufgesucht und in zwei Stunden über 100.000 Mark verloren hatte.

Jene Spielbank hatte ich dann öfter bis täglich aufgesucht, und das Spielen wurde mir in kürzester Zeit zum Lebensinhalt. Ich hatte dann in zwei Jahren die für Außenstehende unvorstellbare Summe von drei Millionen DM verloren. Das konnte ich aber niemandem erzählen, man hätte mich ja für „verrückt" erklärt. Meine Umwelt kannte mich als rational denkenden, nüchternen Geschäftsmann, wie hätte ich das erklären sollen?

Egal, noch hatte ich ja Kapital. Ich würde mir alles zurückholen! Ich hatte doch nicht mein ganzes Leben gearbeitet, um in zwei Jahren alles zu verspielen! Ich wusste, dass man auf Dauer in einer Spielbank gewinnen konnte! Das Wichtigste war Disziplin! Wenn man sich vornahm, bei einer Summe „X" zu gehen, dann durfte man nicht schwach werden. Eiserne Einhaltung der selbst auferlegten Regeln, nur dann hatte man auf Dauer Erfolg. Ich glaubte fest daran! Es ging. Ich wusste es!

Aus, es war AUS, alles war aus! Vorbei! Die Taschen waren leer! 7.000 Mark blieben von 364.000 Mark übrig. Siebentausend! Um drei Uhr nachmittags hatte ich die Summe von 364.000 Mark in Jetons umgewechselt. Als der Saalchef mich wegen der Diskretion in den abgeschlossenen Bereich der Kasse gebeten hatte. Wie optimistisch war ich gewesen, hatte dem Finanzbeamten – die waren in jeder Spielbank allgegenwärtig – freundlich zugelächelt.

Er hatte mich noch gewarnt, nicht über die Eimer mit dem Münzgeld aus den Spielautomaten zu fallen, die im Kassenraum überall herumstanden. Ja ja, die Finanzbeamten. Anfangs hatte ich noch geglaubt, die seien zur Kontrolle der Spielbankbesucher, wegen Geldwäsche, unterschlagenen Geldern, Beute aus Banküberfällen oder Schwarzgeld anwesend. Weit gefehlt. Die Finanzbeamten waren zur lückenlosen Kontrolle des Spielbankenbetreibers und seines Personals vor Ort.

Man stelle sich das einmal vor. Da erteilte der Innensenator als Aufsichtsbehörde für die Spielbank einem, unterstellen wir mal, seriösen, zuverlässigen Betreiber die Konzession, wie hier in Bremen der Landesbank.

Und der Finanzsenator hatte so viel Vertrauen zu der Bremer Landesbank, dass er seine Finanzbeamten, zu mehreren gleich, täglich vor Ort in der Spielbank jede Geldbewegung kontrollieren und protokollieren ließ.

Ja, wenn schon der Finanzsenator kein Vertrauen zu dem Spielbankbetreiber hatte, wie viel Vertrauen musste dann erst der Spielbankbesucher mitbringen? Und was musste er davon halten, wenn er dann auch noch mitbekam, dass die Taschen der Croupiers, wie es in einem Spielbankenführer so schön heißt, „traditionell zugenäht sind?" Wer traute denn hier noch wem?

Ich kannte keine Branche oder irgendein Unternehmen in Deutschland, wo mehrere Finanzbeamte während der gesamten Betriebszeit anwesend waren, jedes einzelne Geldstück, das eingenommen wurde, mitzählten und schriftlich in einem Protokoll erfassten! Auch kannte ich kein Unternehmen in Deutschland, in dem die Geschäftsführung den Firmensafe nur in Anwesenheit und mit dem Zweitschlüssel eines Finanzbeamten öffnen konnte!

Nein, davon hatte ich noch nie gehört. Das gab es wirklich nur in deutschen Spielbanken, die bis zu 90 % ihrer Einnahmen an das Land abführen mussten. Welch ein Steuersatz und welch ein Vertrauen der Legislative in ihre staatlich konzessionierten oder teilweise selbst betriebenen Spielbanken, die doch ursprünglich nur illegales Glücksspiel verhindern sollten?

Aber was sollten diese Gedanken, viel wichtiger war „mein“ Roulettetisch und dieser Sch...kessel mit der verd... Kugel darin. Ich konnte mich kaum noch auf den Beinen halten. Also wieder setzen und bloß nicht hinsehen. Dieses Spiel und noch eines, dann waren die letzten 7.000 Mark hin. So wie ich.

Ich wollte auch nicht mehr. Ich konnte auch nicht mehr. Mir graute schon jetzt vor der Heimfahrt mit dem Auto.

Es waren zwar nur ein paar Kilometer bis zum Unisee, aber auch das schien mir schon zu viel. Ich mochte einfach nicht mehr ...

„17, Noir, Impair!“ 17? Hatte ich mich verhört? Hatte er wirklich 17 gesagt, dieser verdammte Croupier? 17 war doch meine Zahl.

„Na endlich“, flüsterte die Croupierin neben mir am Kessel, „das wurde aber auch Zeit!“

UNGLAUBLICH, jetzt erst begriff ich, dass ich mit meinen vorletzten Jetons die 17 Plein Chevaux gesetzt hatte. Ich hatte gewonnen, auf der 17! Mit einem Plein und 4 Chevaux-Sätzen. Fieberhaft begann ich zu rechnen. 17 mal 500 Mark waren 8.500, mal vier Sätze waren 34.000 Mark, plus 17.500 Mark für den Plein ergab: 51.500 Mark. EINUNDFÜNFZIGTAUSEND – ich war wieder im Spiel. Unglaublich.

Keine Droge der Welt hätte mich munterer machen können, als ich es jetzt wurde. Es war wohl weit nach Mitternacht, die Müdigkeit war verflogen, selbst mein Rücken schien weniger zu schmerzen.

„Nein, nein! Kein Getränk, bringen sie mir lieber noch mal Zigaretten“, bat ich den für mich zuständigen Pagen, als er mir, zum wer weiß wievielten Male, ein Freigetränk bringen wollte. Das fehlte mir noch, dass ich von den Getränken zur Toilette musste und hier meine Gewinnchance verpasste. „3.000 Mark für die Angestellten", sprudelte es aus mir heraus.

„Nochmal 17 Plein Chevaux mit zwei Nachbarn à 500 Mark." Los, los, nun dreh doch endlich ab, dachte ich, doch der Croupier hielt den Kessel an! Warum?

Der sollte sich beeilen, es waren nur noch knapp zwei Stunden bis Betriebsschluss! Na endlich, was rollte die Kugel denn so lange? Das wird nichts, die fällt gleich wie ein Stein in die Fächer, wahrscheinlich auf der gegenüberliegenden Seite von meinen Zahlen, grübelte ich nervös.

PENG. Wie ein Knall: 25, die 25 war gekommen, eine neben der 17. Aber ich hatte ja die 25 als Nachbarzahl der 17 mitgesetzt, so wie es der Rentner geraten hatte, heute Nachmittag. Oder war es gestern? Egal, es war ein Treffer! 35 mal 500 Mark machten 17.500 Mark. „1.000 Mark für den Tronc." Ungeduldig nahm ich meine gewonnenen Jetons entgegen.

„Die gleiche Annonce wie eben und die Orphelins à 500 Mark."

Schon war der Einsatz ausgerechnet, und ich schob die Jetons zum Croupier hinüber.

„Verzeihung, mein Herr, da liegen wir zum Teil über Maximum, möchten Sie, dass wir den Plein der 17 auf den Chevaux 14/17 oder 17/20 legen, oder haben Sie einen anderen Wunsch?"

„Ja, ja, machen Sie mal."

„Welche Variante meint der Herr?", insistierte der Croupier abermals.

„Egal, machen Sie doch, wie Sie denken. Aber starten Sie doch endlich, das dauert ja ewig." Ich wurde wütend.

Die vertrödelten hier die Zeit, vielleicht war nur noch eine Stunde bis Feierabend? Sollten die womöglich ... War das vielleicht Absicht? Wollten die mich hier etwa ausbremsen? Gewann ich der Spielbankleitung jetzt zu viel? Hatte die Geschäftsführung die Anweisung gegeben, das Spieltempo zu drosseln? Na endlich, es ging doch.

Kessel andrehen, Kugel rein und ab dafür. Schließlich warteten die Herren Croupiers auf Trinkgeld, da sollten sie sich gefälligst sputen, sonst lief nichts.

17! Heilige Maria! Das gab's doch nicht – 17, 17, 17, – mir wurde heiß, der Puls raste und ich hatte das Gefühl, mein Herz klopfte bis zum Haaransatz.

17! Und voll drauf.

Die Leute kamen von den anderen Tischen und wollten die Auszahlung sehen. Anerkennendes Gemurmel. Ruhig bleiben Schmidt, jetzt ganz cool bleiben, dachte ich bei mir. Was sollte ich nur als Trinkgeld geben? Ich musste rechnen: 17.500 für den Plein, – 34.000 für die vier Chevaux-Sätze, und dann hatte ich ja noch die Orphelins gesetzt, das waren auch nochmal zwei Chevaux-Sätze, jeweils auf 14/17 und 17/20. Das machte 17.000 plus das andere, wie viel war das doch nochmal? Ich wurde verrückt. Sollten die das doch selber ausrechnen, schließlich bekamen sie ja wieder fürstliches Trinkgeld von mir.

„Achtundsechzigtausendfünfhundert für den Herrn auf Platz zwei", hörte ich den Croupier sagen.

Was sollte ich nur geben? Zwei Stücke wären wohl angemessen.

Nein!

„3.000 Mark für die Angestellten – und die gleiche Annonce noch einmal."

„Danke für die Angestellten", hörte ich die Croupiers im Chor „singen". Sie hatten mal wieder kräftig abgesahnt.

„Die Hand wechselt!"

Das hieß, der andere von den zwei Croupiers, die am Kopfende saßen, drehte den Kessel und warf die Kugel. Mist, das gefiel mir nicht, gerade lief es so gut – und nun diese Änderung. Das wollte ich mir nicht gefallen lassen.

„Ich möchte bitte, dass ihr Kollege weiterdreht", wandte ich mich an den Croupier.

Es folgte – das dauerte wieder – ein geflüstertes Gespräch zwischen dem Tischchef und den beiden Croupiers mit dem Ergebnis:

„Der Kollege wird noch drei Coups werfen, der Herr."

Na bitte, es ging doch, schließlich war ich hier seit Wochen der beste Gast, und dass ich Vermögen hatte, war der Casinoleitung schon vor längerer Zeit durch den Direktor der Spielbank Bad Zwischenahn mitgeteilt worden. Das hatte ich aber erst viel später durch Dritte erfahren.

Jetzt wurde es unheimlich, die 1! – aus den Orphelins. Ein Plein mit immerhin 17.500 Mark Auszahlung.

„Danke für die Angestellten" – das hörte ich gern, zumindest wenn es auf mich gemünzt war.

Ein untrügliches Zeichen dafür, dass ich zu den Gewinnern bei dem Coup gehörte. Mittlerweile hatte der eine oder andere der Umstehenden verschämt seine Jetons zu zehn oder zwanzig Mark ebenfalls auf „meine Zahlen" gesetzt.

Mit dem Ergebnis, dass auch sie gewannen, weitaus weniger

als ich, aber sie hatten ja auch mit niedrigeren Einsätzen gespielt. Ich gönnte ihnen aber ihre Gewinne, auch wenn sie nur Trittbrettfahrer waren. Gemeinsam würden wir es denen von der Spielbank schon zeigen!

„Ne, ne! Nein, da mache ich nicht mit."

Die wollten jetzt nach der Dienstpause die Croupierin an einen anderen Tisch setzen. Ausgerechnet jetzt, wo ich einen Rücklauf hatte.

„Rufen Sie bitte den Saalchef", forderte ich den neben mir sitzenden Croupier auf.

„Selbstverständlich, der Herr."

Höflich waren sie ja, die Angestellten.

Ja, und dann wurde es wieder nervig. Der Saalchef drehte und wand sich:

„Diese Croupier-Mannschaft gehört ursprünglich zusammen, die müssen jetzt wieder an den anderen Tisch, tut mir leid."

„Nein! Nein, das akzeptiere ich nicht. Ich verliere hier Hunderttausende, und wenn ich eine Gewinnsträhne habe, wollen sie die Croupiers austauschen."

„Herr Schmidt, ich darf und kann das nicht ändern, bitte haben sie dafür Verständnis, so sind die Dienstpläne nun mal", beschwor mich der Saalchef.

„Nein, mein allerletztes Wort, wenn die alten Croupiers nicht bis Dienstschluss an meinem Tisch weiterdrehen, verlasse ich Ihr Casino und meine Ehrenkarte können Sie sofort zurückhaben, dafür habe ich dann keine Verwendung mehr. Dann werde ich eben wieder in Bad Zwischenahn spielen."

Es folgte heftiges Getuschel, mittlerweile stand das Spiel an zwei Tischen still und nicht nur die Croupiers waren gespannt, wie der Saalchef sich aus der Affäre ziehen würde.

Das Ergebnis war, die Croupierin kehrte wieder an „meinen“ Roulettetisch zurück und der auffordernde Satz folgte sogleich:
„Bitte, das Spiel zu machen.“

Hoffentlich war ich oder noch schlimmer der Drehcroupier nicht aus dem Rhythmus gekommen! Wir hatten schon genug Zeit vertrödelt. Doch die Sorge war unbegründet! Es kam die 33, eine Zahl neben der 1, die hatte ich gesetzt! 17.500 Mark, tausend für die Angestellten und weiter so, los, los!

Die anwesenden Finanzbeamten schauten etwas unglücklich drein. Es gefiel ihnen wohl nicht, dass ich einen Rücklauf hatte und einen Teil meines verlorenen Geldes zurückgewann.

Die Taschen meines Jacketts füllten sich wieder, langsam aber stetig. Was für eine Nacht. Ich war hellwach, leider war bald Betriebsschluss. Wieso hatten die nur bis drei Uhr morgens geöffnet? Ob ich den Saalchef rufen lasse?, überlegte ich. Noch lief es ja, der kriegte womöglich noch einen Herzkasper?

„Orphelins, à 600, mit Zero eins-eins und das Complet der 11 (mein Geburtstag).“

Es kam tatsächlich die 11! Die hatte ich als „Complet“ gesetzt. Wissen Sie, was das heißt? Nein? Dann rechne ich Ihnen das jetzt mal vor:

Ein Plein à 600 mal 35 waren 21.000, vier Chevaux à 600 mal 17 waren 40.800 und vier Carré à 600 mal 8 waren 19.200, machte total: EINUNDACHTZIGTAUSEND Deutsche Mark. Noch Fragen?

„Es folgen die letzten drei Spiele!“ Vor dieser Ansage am Tisch hatte ich mich am meisten gefürchtet, denn dann war endgültig Schluss.

Die beiden vorletzten Spiele brachten Null. Das letzte gab

noch mal 17.500 Mark auf einen Plein. Welche Zahl es war? Ich wusste es nicht mehr. Es war mir auch egal. Ich konnte nicht mehr. Die letzten Gäste wurden zum Ausgang komplimentiert. Ich durfte als Einziger noch bleiben, mich erholen von dem Stress, während das Personal gemeinsam mit den Finanzbeamten Kassensturz machte.

Und so saß ich dann da, an dem kleinen Glastisch, die Beine weit von mir gestreckt und fertig mit der Welt. Ausgelaugt und unendlich müde. Des Lebens müde, im wahrsten Sinne des Wortes. Was für ein Tag, eine Nacht, was für ein Morgen? Alle „Herrlichkeit" war von mir gewichen.

Grau im Gesicht, eingefallen und fertig, so musste ich auf einen Beobachter wirken. Jetzt, wo das Spiel unwiderruflich vorbei war. Zumindest für heute, oder war heute schon wieder morgen, war ich seit gestern hier bis morgen? Mir fehlte jegliches Zeitgefühl. Jetzt, wo das Spiel beendet war, gab es nur noch Leere.

Was hatte ich mir nicht alles vorgenommen am heutigen Tag. Ach, das war ja gestern. Meinen Sohn hatte ich besuchen wollen. Nichts habe ich zustande gebracht. Mehr als zwölf Stunden war ich nun schon in dieser Spielbank gewesen. Die guten Vorsätze waren dahingeschmolzen, wie das Geld auf dem Roulettetisch.

Moment mal, das musste nicht stimmen. Ich hatte ja noch gar nicht gezählt, und die Jetons umtauschen musste ich ja auch noch.

Dreihundertachtundzwanzig, dreihundertachtunddreißig, dreihundertachtundvierzig, den letzten Zehntausender aus der Reverstasche mitgerechnet. Es waren dreihundertachtundvierzigtausend Mark! Das war ja nicht zu fassen. Mir war schon klar, dass ich einiges zurückgewonnen haben musste, aber dass es doch noch so viel war?

348.000 Mark!

Und im Tronc, dem Trinkgeldbehälter der Spielbank, waren in dieser denkwürdigen Nacht 92.000 DM gelandet, das höchste Trinkgeldaufkommen an einem Tag, welches die Spielbank in seiner über 20-jährigen Geschichte zu verzeichnen hatte! Eine Summe von etwa 70.000 DM wurde davon mir zugeschrieben. Das habe ich aber irgendwann und erst viel später von einem Croupier erfahren. Sie hatten wieder mal nicht verloren, die Croupiers.

Und ich, was war mit mir? Sechzehntausend Mark hatte ich zu meinem Glück nur verloren. Sechzehntausend Mark, einen halben Tag und zehn Minuten.

Oder war es mehr, was ich heute verloren hatte?

Wieder war ein Tag von vielen ohne Leben, ohne Licht und ohne Hoffnung vorbeigezogen. Das war gestern und heute war heute. Heute würde ich alles anders, besser und erfolgreicher machen. Heute würde ich die Kontrolle nicht über mich verlieren, heute würde ich besonnen bleiben, denn ich hatte ja meine Spielerei eigentlich noch im Griff. Ich konnte, wenn ich wollte, jederzeit mit dem Spielen aufhören, schließlich war ich ja freiwillig hier. Niemand hatte mich gezwungen!

Aus eigenem Antrieb war ich wieder nach Bremen in die Spielbank gefahren, heute am 11. des Monats. Ich musste meine Scharte von gestern wieder auswetzen. Die Sterne standen gut und ich hatte ein positives Gefühl. Überhaupt, war es nicht auch ein Glückstag, der 11. Dezember damals, als ich diese rührende Weihnachtsgeschichte in der Zeitung gelesen und der

Zeitungsartikel mich auf die Idee mit dem „Bündel“ gebracht hatte, damals in Luxemburg?

Gibt es den Weihnachtsmann?

Schon von Weitem sah ich es liegen, wie an den vorausgegangenen Tagen auch. Das Bündel. Ein Bündel auf dem Bahnhofsvorplatz in der Geldmetropole Luxemburg. Manchmal bewegte sich das Bündel und der Betrachter stellte mit Erstaunen fest, dieses Bündel war ein Mensch.

Ein Mensch, an dem alles traurig und müde anzusehen war, aber das konnte man nur feststellen, wenn er sich dann und wann mal aufrichtete. Die Augen schienen vor langer Zeit schon gestorben, der Körper nur ein lebloses, in Lumpen gehülltes Etwas. Ein obdachloser Mensch, wie man ihn an vielen Bahnhöfen dieser Welt fand.

Ein alter Filzhut mit wenigen Kupfermünzen darin lag vor ihm, während die Reisenden an ihm vorbeihasteten. Niemand schien ihn wahrzunehmen. Er war für sie einfach nicht da. Ein lästiges, aber zu umgehendes Hindernis, nicht mehr.

Und ich, der Beobachter, was war mit mir? Saß auch ich auf kaltem Stein, in eine schmuddelige Decke gehüllt, die gegen die Kälte nicht schützen konnte? War auch ich ein Hindernis?

Oh nein, ich war kein Hindernis. Ich war ein zufällig Hinschauender aus einer anderen Welt. Aus einer Welt, die keine Armut, keinen Hunger und kein Frieren kannte. Eine Welt, wie man sagen würde, für etablierte, wohlhabende Bürger.

Und doch oder gerade weil es mir so gut ging, beschlich mich ein Unbehagen. Ein beschämendes Gefühl, wenn ich dieses Elend dort in klirrender Kälte liegen sah. Ohne Essen, ohne Unterkunft! Ob er wohl noch an etwas glauben konnte auf dieser Welt?

Ich selbst hatte vor wenigen Minuten noch behaglich am Frühstückstisch gesessen und in einer Zeitung gelesen. Auf der ersten

Seite war mir ein Artikel mit der Überschrift aufgefallen: „Gibt es einen Weihnachtsmann?"

Es war eine rührende Geschichte, und ich hielt die Zeitung noch in der Hand, als mir der Gedanke kam, sie IHM zum Lesen zu geben. Vielleicht konnte er sich an dieser kleinen Geschichte erwärmen?

Ich nahm die Seite mit dem Artikel und legte sie sorgfältig zusammen. Aber wie sollte ich sie ihm überreichen? Ansprechen mochte ich ihn nicht, da genierte ich mich. Und so stand ich dann unschlüssig herum und wartete auf eine passende Gelegenheit.

Einen winzigen Augenblick war der Bahnhofsvorplatz leer, da musste ich handeln. Mit wenigen Schritten war ich bei ihm, beugte mich etwas hinunter und warf das zusammengefaltete Blatt in seinen Filzhut, – um dann, ohne mich umzuschauen, eilig wie ein Dieb das Weite zu suchen.

Er sollte mich nicht sehen und so verbarg ich mich in einem Hauseingang. Aus meinem Versteck heraus konnte ich dann erkennen, wie seine klammen Finger die Zeitungsseite auseinanderfalteten und er zu lesen begann:

Eine zeitlose Antwort auf die alte Kinderfrage:

Gibt es einen Weihnachtsmann?

Die achtjährige Virginia O'Hanlon aus New York wollte es ganz genau wissen. Darum schrieb sie an die Tageszeitung „Sun" einen Brief:

„Ich bin acht Jahre alt. Einige von meinen Freunden sagen, es gibt keinen Weihnachtsmann. Papa sagt, was in der ‚Sun' steht, ist immer wahr. Bitte sagen Sie mir: Gibt es einen Weihnachtsmann?

Virgina O'Hanlon"

Die Sache war dem Chefredakteur Francis Church so wichtig, dass er selbst antwortete – auf der Titelseite der „Sun“:

„Virginia, Deine kleinen Freunde haben nicht Recht. Sie glauben nur, was sie sehen: Sie glauben, dass es nicht geben kann, was sie mit ihrem kleinen Geist nicht erfassen können. Aller Menschengeist ist klein, ob er nun einem Erwachsenen oder einem Kinde gehört. Im Weltall verliert er sich wie ein winziges Insekt.

Solcher Ameisenverstand reicht nicht aus, die ganze Wahrheit zu erfassen und zu begreifen.

Ja, Virginia, es gibt einen Weihnachtsmann. Es gibt ihn so gewiss wie die Liebe und Großherzigkeit und Treue. Weil es all das gibt, kann unser Leben schön und heiter sein.

Wie dunkel wäre die Welt, wenn es keinen Weihnachtsmann gäbe! Es gäbe dann auch keine Virginia, keinen Glauben, keine Poesie – gar nichts, was das Leben erträglicher macht. Ein Flackerrest an sichtbarem Schönem bliebe übrig. Aber das Licht der Kindheit, das die Welt ausstrahlt, müsste verlöschen.

Es gibt einen Weihnachtsmann, sonst könntest Du den Märchen auch nicht glauben. Gewiss. Du könntest Deinen Papa bitten, er soll am Heiligen Abend Leute ausschicken, den Weihnachtsmann zu fangen, und keiner von ihnen bekäme den Weihnachtsmann zu Gesicht – was würde das beweisen? Kein Mensch sieht ihn einfach so. Das beweist gar nichts. Die wichtigsten Dinge bleiben meistens unsichtbar. Die Elfen zum Beispiel, wenn sie auf Mondwiesen tanzen. Trotzdem gibt es sie.

An all die Wunder zu denken – geschweige denn sie zu sehen –, das vermag nicht der Klügste auf der Welt. Was Du auch siehst, Du siehst nie alles. Du kannst ein Kaleidoskop aufbrechen und nach den schönen Farbfiguren suchen. Du wirst einige bunte Scherben finden, nichts weiter.

Warum? Weil es einen Schleier gibt, der die wahre Welt verhüllt, einen Schleier, den nicht einmal die Gewalt auf der Welt zerreißen kann. Nur Glaube und Poesie und Liebe können ihn lüften.

Dann werden die Schönheit und Herrlichkeit dahinter auf einmal zu erkennen sein.

‚Ist das denn auch wahr?', kannst Du fragen. Virginia, nichts auf der Welt ist wahrer und nichts beständiger.

Der Weihnachtsmann lebt, und ewig wird er leben. Sogar in zehnmal zehntausend Jahren wird er da sein, um Kinder wie Dich und jedes offene Herz mit Freude zu erfüllen.

Frohe Weihnacht, Virginia.
Dein Francis Church"

PS:

Der Briefwechsel zwischen Virginia O'Hanlon und Francis P. Church stammt aus dem Jahr 1897, ist also über 100 Jahre alt: Er wurde über ein halbes Jahrhundert – bis zur Einstellung der „Sun" im Jahr 1950 – alle Jahre wieder zur Weihnachtszeit auf der Titelseite dieser Zeitung abgedruckt.

Nachdenklich, gedankenverloren ließ der Mensch das Blatt sinken. Erst jetzt bemerkte er, dass etwas aus der Zeitung herausgefallen war. Ein kleines, buntes Stück Papier lag vor ihm. Ein bedrucktes Papier mit einer Zahl darauf. Eine Zahl mit mehreren Nullen.

Ungläubiges Staunen auf dem Gesicht des Menschen. Die Augen bekamen neuen Glanz und blickten suchend umher. Aber dort, wo ich stand, konnte er mich nicht sehen; er sollte mich auch nicht sehen.

Nie würde er erfahren, wer ihm diese Geschichte zugedacht hatte. Ich verließ mein Versteck, begab mich zu den Bahnsteigen und bestieg den nächsten Zug nach Deutschland, mit dem Wissen, dass ich in diese Stadt nicht mehr zurückkehren würde. Aber ich wusste auch, dass es jetzt einen Menschen mehr gab, der sich die gleiche Frage stellen würde wie die kleine Virginia: Gibt es einen Weihnachtsmann?

Diese Geschichte hatte mich in meinem Glauben bestärkt, wenn, dann konnte nur dieser Tag mir hier im Casino Glück bringen. Darum hatte ich auf die 11 gesetzt.

„Rien ne va plus – nichts geht mehr", hörte ich den Croupier ansagen. Mit leisem Sirren kreiste die Elfenbeinkugel am oberen Kesselrand. In höchster Erregung verfolgte ich gebannt, wie sie ihre Bahnen zog. Immer im Kreis herum, gerade so, als wollte sie nie herunterfallen in eines der Felder.

Den 35-fachen Einsatz würde ich bekommen, ein Gewinn von 17.500 Mark, das war doch was. Nun mach schon, Kugel, fall rein. Rein in die 11. Was rollte die da noch?, dachte ich. Eine Ewigkeit war vergangen und sie drehte immer noch ihre Kreise. Die fiel nicht runter.

Die wollte einfach nicht herunterfallen. Sie drehte und drehte und drehte ihre Runden. Die Spannung wurde unerträglich. Mein Gaumen war trocken und die Zunge strich nervös über die Lippen. Eine Zigarette, wo waren die Streichhölzer? Ich widerstand meinem Reflex, nach einem Pagen zu rufen, um ihn um Feuer zu bitten. Jetzt nur nicht den Blick von der Kugel wenden, hypnotisieren würde ich sie. Bis sie in die 11 fiele. Aber sie fiel nicht, immer noch nicht.

War es Magie? War diese weiße Elfenbeinkugel verhext? Sie

war kaum größer als eine Murmel, so wie sie die Kinder zum Spielen liebten, doch bei Weitem nicht so hübsch.

Aber Macht hatte sie, mehr als alle bunten Murmeln der Welt zusammen. Sie entschied über Freud und Leid. Über Familien, Freundschaften und Lebensläufe. Diese kleine weiße, unscheinbare Kugel hatte mehr Einfluss als Frau und Kinder, war stärker als der Glaube und stärker als Gesetze und konnte selbst die Liebe zerstören und krank machen, – lebenslang.

Und dennoch durfte sie weiter ihre Unglück bringenden Kreise ziehen, niemand gebot ihr Einhalt. Sie war gefährlicher als manche Kugel aus einem Revolver, aber verboten wurde sie nicht.

Und es werden immer mehr von diesen weißen, so harmlos aussehenden Kugeln im Land. Und immer mehr Menschen werden ihre Bekanntschaft machen und ihrer Faszination erliegen. Vielen zum Unglück und nur wenigen zur Freude. Aber wie unwichtig hingegen war diese Kugel, dieses kranke Spiel für Menschen, die wirklich krank waren.

Die andere Sorgen hatten, als sich mit einer solch banalen Kugel zu beschäftigen. Zu meinem Glück war ich noch niemals richtig krank gewesen, jedenfalls nichts Ernsthaftes, soweit ich mich erinnerte. Aber da fiel mir eine Begebenheit ein, die zwar schon einige Jahre zurücklag, aber mich noch heute schaudern lässt, wenn ich an sie denke. Dabei hatte alles so harmlos angefangen.

War ich schon dran?

An diesem heißen Sommertag mit dem Zug zu fahren, war sicher umständlicher und unbequemer als mit dem Auto, aber mir stand kein Auto zur Verfügung, also musste ich mich per Bahn zum Zahnarzt aufmachen. Es war der 23er, dieser marode Zahn, der schmerzte und eliminiert werden sollte. Raus musste er, der Quälgeist, erst dann hätte ich Ruhe vor den Beschwerden, diesen unerträglichen, bohrenden Schmerzen.

Natürlich war ich nicht begeistert über mein Fahrziel an jenem Morgen, aber wer war schon begeistert, wenn er zum Zahnarzt musste? Die anderen Personen im Nahverkehrszug machten allerdings auch keinen besonderen glücklichen Eindruck. Ob sie auch alle auf dem Weg zum Zahnarzt waren? Nein, das war es wohl nicht. Sie waren auf dem Weg zur Arbeit. Mussten sie darum so missmutig dreinschauen, wie es viele von ihnen taten?

Nun, ich hatte gut reden. Seit zwei Jahren lief die Firma, die ich mit einem Freund aufgebaut hatte, mehr als gut. Fünfzehntausend Mark verdiente ich mittlerweile im Monat und war erster Mann in einem expandierenden Unternehmen mit 25 Angestellten und einen Jahresumsatz von über acht Millionen Mark. Bei den Mitarbeitern war ich anerkannt und wegen meiner Großzügigkeit ein geschätzter Chef. Das glaubte ich, zumindest vermittelte sich mir dieser Eindruck.

In der Familie war alles bestens. Meine Söhne gesund und die schulischen Leistungen vielversprechend. Bis auf diese elenden Zahnschmerzen war ich noch nie krank gewesen, und eine Klinik kannte ich nur vom Hörensagen. Kurzum, ich war ein rundherum glücklicher und zufriedener Mensch. Und daran würde heute Morgen auch der Zahnarzttermin nichts ändern. Wie sehr sich der Mensch doch täuschen kann.

„Guten Morgen, Herr Schmidt, geht es Ihnen gut?"

Blöde Frage, dachte ich so bei mir, während ich mit einem kräftigen „Auf jeden Fall" meine Ängste vor der Behandlung zu übertünchen suchte.

Was für eine Floskel, aber die Zahnarzthelferin musste das wohl fragen. Bevor ich mich mit diesen Gedanken weiter beschäftigen konnte, war der Doktor schon in das Wartezimmer getreten.

„Hallo, Klaus, wie geht's dir?"

„Danke, Albert, und dir?"

„Mir geht's ausgezeichnet, ich muss ja nicht zum Zahnarzt." Und dabei griente er mich an.

Ja, der Albert, das war schon eine Marke. Ich glaube, ich kannte ihn jetzt schon über 20 Jahre. Damals hatte ich ihn beobachtet, als er an seinem alten BMW-Motorrad rumschraubte. Er war Medizinstudent und ich Seemann. Ich wohnte im Seemannsheim und er bei seinen Eltern. Damals hatte ich mir eine Honda gekauft und versucht, das Zweirad zu beherrschen. Was aber nicht einfach war, da ich nie eine Fahrschule besucht hatte und demzufolge auch ungeübt im Fahren eines vier Zentner schweren Motorrads war.

Albert kam aus einer bürgerlichen, behüteten Familie, und es wäre für ihn undenkbar, ja kriminell gewesen, ein Fahrzeug ohne Führerschein zu fahren. Was ich im Nachhinein nicht anders sehe. Damals war ich wohl ein wenig „unbeschwerter" im Umgang mit solchen Dingen.

Dieser Albert also, der mir als Erstes von seiner Mutter mit auf den Weg gab, nie ohne Schal und Nierengurt zu fahren, war nun nach über 20 Jahren mein Zahnarzt geworden. Mehr aus Zufall, denn wir hatten uns trotz Sympathie und dem Umstand, dass Albert früher mal mit einer meiner Schwestern befreundet war, aus den Augen verloren.

Viele Jahre hatten wir nichts voneinander gehört, und erst meine Unzufriedenheit mit dem letzten „Zahnbohrer" erinnerte mich an die alte „Motorradfreundschaft" mit Albert. Und vor allen Dingen erinnerte ich mich an sein Medizinstudium. Ob er tatsächlich, so wie er es damals vorhatte, Zahnarzt geworden war? Ein Blick in das Telefonbuch gab die Antwort. Jawohl, da stand es geschrieben, Albert Gürtler, Zahnarzt. Sofort anrufen, nicht auf die lange Bank schieben, der schmerzende Zahn unterstützte meine Zielstrebigkeit.

Ein großes Hallo am Telefon und die Frage nach der Vergangenheit und wie es so ging, und was Angelina, meine Schwester, machte. Viel gab es zu erzählen und die Freude beim Wiederhören war groß. Ein Termin gleich für den nächsten Tag war nur noch Formsache. Ich freute mich wirklich. Nicht nur, dass ich ihn nach so vielen Jahren wiedersehen würde, ich war auch neugierig zu erfahren, wie es ihm in all den Jahren ergangen war. Neugierig auf seine Arztpraxis und ob er noch Motorrad fuhr und überhaupt neugierig auf alles. Und so nebenbei würde er mich auch noch von meinen Zahnbeschwerden befreien, was wollte ich mehr.

Ich war bei ihm sicher bestens aufgehoben. Das wusste ich schon jetzt. Wie er damals sein Motorrad gepflegt hatte, mit welcher Akribie und wie schonend er mit der Maschine umging.

Jede Schraube kannte er von seinem Oldtimer, und alles wurde vor Rost und Zerfall geschützt. Er war ein ganz Genauer, ein Penibler, wie man so sagen würde. Aber im positiven Sinn.

Wenn er den Zähnen seiner Patienten nur halbwegs soviel Aufmerksamkeit entgegenbrachte wie damals seinem Motorrad, würde er sicherlich keinen Mangel an Patienten haben.

Mit diesen Gedanken und völlig entspannt saß ich nun hier in seiner Praxis im Behandlungsstuhl und wartete mit weit aufge-

rissenem Mund auf seine dentistischen Fähigkeiten. Eine Spritze. Natürlich, das war das Erste, was kam. Da unterschied er sich nicht von seinen Kollegen. War aber auch klar, schließlich wollte er mir einen Zahn ziehen. Spritzen in den Kiefer sind leider unangenehm, wer wollte da widersprechen?

Es folgte ein munterer Dialog über die „tollen" vergangenen Zeiten, und wir beschlossen spontan, uns demnächst einmal privat zu treffen. Als er jedoch meinen Zahn in die Zange nahm, war es aus mit der beschwerdelosen Kommunikation und ich protestierte auf das Heftigste.

„Nun, dann müssen wir noch eine zweite Betäubungsspritze setzen. Eine scheint ja bei dir nicht zu wirken, Klaus", hörte ich ihn sagen, als er sich über mich beugte.

Auch die zweite Spritze fand ihren Weg in mein Zahnfleisch, und ich begann, mich zu entspannen. In wenigen Minuten würde mir der Quälgeist schmerzfrei gezogen werden und ich freute mich schon auf das private Treffen, welches ich mit Albert spontan vereinbart hatte. Warum war ich nicht schon eher auf die Idee gekommen, mich von ihm behandeln zu lassen? Wenn jemand Vertrauen für sein handwerkliches Geschick verdient hatte, so war es Albert. Die zweite Betäubungsspritze begann jetzt zu wirken. Das spürte ich.

Allerdings ein bisschen merkwürdig, das Gefühl, das kannte ich nicht. Ein Kratzen im Hals hatte ich auch noch nie bei einer Zahnbehandlung verspürt. Das Kratzen nahm zu, komisch. Ich räusperte mich, aber es wurde schlimmer. Was war mit meinem Hals los? Wieso hatte ich das Gefühl, mein Hals würde enger? Ja, er war wie zugeschnürt! Was war denn das?

„Schwester, holen sie schnell mal den Arzt", sagte ich zu der anwesenden Assistentin. Das heißt, das wollte ich sagen, aber ich

bekam kein Wort heraus. Ich bewegte wohl die Lippen, aber es war kein Ton zu hören.

Ich konnte nicht mehr sprechen! Erstaunt sah mich die Sprechstundenhilfe an und fragte mich, was mit mir los sei?

Wild gestikulierte ich mit den Armen und zeigte immer wieder auf meinen Hals, der sich, so hatte ich das Gefühl, in Sekundenschnelle immer mehr zusammenzog. Panik erfasste mich und die Schwester rannte verstört hinaus. Sofort kam Albert herein und blickte mich fassungslos an, schrie nach Sauerstoff und wedelte mir mit dem kleinen, strohhalmdicken Schlauch eines Sauerstoffgerätes vor der Nase herum.

„Albert, ich ersticke, tu doch was!“, schrie ich ihn an. Doch es war kein Schreien, mehr ein Krächzen mit tonloser Stimme.

Ich konnte nicht mehr sprechen!

Warum, verdammt noch mal, konnte ich nicht sprechen? Was hatte er mit mir gemacht? Der Hals war fast zu, ich bekam kaum noch Luft.

„Albert, tu was, ich ersticke sonst“, schrieb ich auf das Blatt Papier, das mir seine Assistentin hinhielt, damit ich mich verständlich machen konnte, denn sprechen konnte ich ja nicht mehr!

Mit vor Schreck geweiteten Augen starrte Albert mich an. Er war hilflos, das war ihm anzusehen. Er fragte mich nur, ob er einen Arzt rufen solle. Natürlich, wollte ich sagen, aber das ging ja nicht mehr, also nickte ich auf das Heftigste mit meinem Kopf, in der Hoffnung, dass er die Brisanz meines Zustandes endlich richtig einschätzte. Die Schwestern liefen kopflos in der Praxis hin und her. Albert schrie nun noch nach einem Arzt und ich würde jetzt wohl sterben.

Sie würden es nicht schaffen. Mein Gott, warum? Warum ich? Warum hier in dieser Zahnarztpraxis sterben, hier bei einem Freund – durch einen Freund. Was hatte ich denn Schlimmes ge-

tan? Ich war 46 Jahre alt, das war doch noch viel zu früh. So eine erbärmliche Sch…, ich wollte noch nicht sterben! Und schon gar nicht in diesem verdammten Zahnarztstuhl.

Die Sonne schien, die Familie war gesund, die Firma lief hervorragend, und ich? Ich verreckte hier elendig durch Freundes Hand an einer Betäubungsspritze!

Mittlerweile war ein Urologe aus der Nachbarschaft eingetroffen und beugte sich besorgt über mich.

„Sofort an den Tropf", hörte ich ihn sagen, und dabei zog er eine Spritze mit Kortison auf.

Noch eine Spritze? Es war mir egal, entweder sie half oder es ging schneller zu Ende. Nur machen sollten sie was, die Ärzte, ich hatte Todesangst. Mittlerweile fühlte ich meine Füße nicht mehr. Ich sah sie wohl, aber ich fühlte sie nicht. Als ob sie bereits tot waren. Begann so das Sterben? Stück für Stück, Körperteil für Körperteil? Davon hatte ich nie gehört oder gelesen! Aber wer hatte schon über sein eigenes Sterben geschrieben? Was für dumme Gedanken mir durch den Kopf gingen.

Nun lag ich in dem Stuhl, die Ärzte hielten abwechselnd den Tropf und ich begann mich etwas zu entspannen. Wahrscheinlich begann auch die Spritze zu wirken. Die dritte meine ich, die Wirkung der zweiten hatte ich ja schon erlebt, oder besser gesagt: überlebt. Zumindest bis hierhin. Kaum waren mir diese Gedanken in den Sinn gekommen, überwältigte mich, einer Woge gleich, ein Gefühl, „nicht mehr im Körper zu sein". Wie anders soll ich es erklären? Gibt es Worte, um diesen Zustand für einen Außenstehenden verständlich zu beschreiben?

Ich suchte nach Worten dafür, und während ich dies hier gerade niederschreibe, habe ich ein mehr als unwohles Gefühl bei den Erinnerungen an die damalige Situation. Es war schrecklich, einfach unsagbar schrecklich. Mittlerweile hatten sie eine Haltekonstruktion für den Infusionstropf gebaut, meine Herren Ärzte, und so standen sie jetzt etwas abseits und berieten sich. Ich spürte ihre besorgten Mienen, obwohl ich sie nicht sehen konnte, da sie mir den Rücken zukehrten.

Der Urologe bemerkte mein Gestikulieren mit den Händen und kam auf mich zu.

„Bleiben Sie ganz ruhig, Sie müssen jetzt schlafen, dann geht es Ihnen bald besser."

Was? Der spinnt doch, ich wollte jetzt nicht schlafen, wenn ich jetzt einschlief, würde ich nicht mehr aufwachen! Das wusste ich. Ich konnte es nicht erklären, aber ich wusste, dass ich nie mehr aufwache, wenn ich jetzt einschliefe. Ich hatte Angst, eine Angst, die ich so noch nie gekannt hatte. Es ist nicht zu beschreiben.

Meine Beine, wo waren meine Beine, zwar sah ich meine Beine auf dem Zahnarztstuhl liegen, aber sie waren nicht mehr da! Meine Beine waren nicht mehr da! Sie waren schon noch da, aber ich spürte sie nicht. Ich spürte meine Beine nicht mehr! Vorhin, war es vor einer Stunde oder waren erst Minuten vergangen, ich hatte jegliches Zeitgefühl verloren. Vorhin also, da waren es doch nur meine Füße, die ich nicht mehr spürte, nun auch schon die Beine.

Das musste „das Sterben" sein, dieser Zustand, über den niemand gerne spricht und der doch jeden erreicht. Aus! Es war vorbei – nein, noch war es nicht vorbei, aber es ging zu Ende – ich ahnte es. Sie würden mir nicht helfen können, die Ärzte, ich spürte es mehr denn je. Ich wusste es.

Ich war mir sicher, als ich in ihre Augen sah, sie wandten sich ab und murmelten was von „sofort ins Krankenhaus". Sie hatten meinen Zustand nicht mehr im Griff.

Nur kurzzeitig hatte ich das Gefühl der Besserung, womöglich ein psychologisch hervorgerufenes Sicherheitsgefühl. Ausgelöst durch die Anwesenheit des hinzugekommenen Urologen und der Betriebsamkeit der Herren. Aber was nutzte der Glauben an ärztliche Kunst, wenn dieses verdammte Betäubungsmittel in meinem Körper Amok lief? Da nutzte kein noch so starker Glaube, das Zeug musste aus dem Körper raus, aber wie? War es jetzt nicht schon zu spät für irgendwelche Maßnahmen?

Nein, in eine Klinik wollte ich nicht, unter gar keinen Umständen, dies gab ich mit heftigen Kopfbewegungen dem Urologen zu verstehen. Was könnten die dort schon anderes tun, als abzuwarten, ob mein Körper diese Attacken überstand oder eben nicht. Ich wollte nicht sterben! Wieder spürte ich diese Woge durch meinen Körper laufen, fremdartig, nicht zu beschreiben.

Ja, jetzt kam der Glaube, die nackte Angst ließ mich zum Gläubigen werden. Angst um mein kleines mickriges Leben. Millionen, was sag ich, Milliarden von Menschen lebten und starben auf diesem Globus, und ich mochte bitte davon ausgenommen sein. Grotesk, einfach lächerlich. Ich war jetzt dran und damit basta.

Aber doch nicht mit 46 Jahren, das war doch noch viel zu früh! Unsinn, sagte ich mir. Das Alter war doch noch nie ein Kriterium, müssten sonst Kinder sterben? Aber ich war doch auch nicht krank! Jetzt aber schon, und zwar todkrank!

Und wieder fühlte ich diese Woge durch meinen Körper laufen.

„Doktor, ich will was aufschreiben", – meine Zeichensprache hatte sich in kürzester Zeit gut entwickelt, und man brachte mir erneut einen Rezeptblock.

„Firma anrufen, Geschäftspartner, komme heute später ins Büro", schrieb ich zusammen mit der Telefonnummer auf das Papier. Vielleicht hätte ich besser ausrichten lassen sollen, dass er heute nicht mehr auf mich warten sollte. Vielleicht brauchte er nie mehr

auf mich zu warten. Vielleicht hatte mein letztes Stündlein hier in diesem Zahnarztstuhl geschlagen.

Und die beiden Mediziner standen am Fenster und tuschelten leise miteinander. Sie waren mit ihrem Latein am Ende, es war so. Warum ich, ausgerechnet ich? Ich wollte noch nicht sterben! Die größten Idioten und Verbrecher trampelten auf dieser Erde herum und ausgerechnet ich, Klaus Schmidt, war jetzt dran. Stand auf der Liste. Was hatte ich denn Verwerfliches getan?

War ich nicht immer respektvoll zu den Mitmenschen, zu meiner Großmutter, bei der ich als Kind aufgewachsen war. Habe ich sie nicht geehrt und ihr gedankt für all das, was sie für mich getan hat? Nun ja, als sie mich nach monatelanger Seereise um einen Besuch bat, hatte ich nichts Wichtigeres zu tun, als mich in einer Hafenspelunke mit Bardamen zu amüsieren. Zwei Tage später war sie tot. Wie hatte ich mich da geschämt.

Da geschah er mir nur recht, mein jetziger Zustand, oder? Wie undankbar und oberflächlich ich war. Wenn das hier heute also der Tag der Abrechnung sein sollte, bitte, aber ich war nicht so schlecht, wie es schien. Ich habe auch gute Seiten an mir! Immer habe ich Respekt vor Menschen gehabt.

Selbst vor den Animierdamen, die ich zahlreich während meiner Seereisen in alle Welt kennengelernt hatte.

So viel gäbe es noch zu bedenken, aber ich hatte wohl nicht mehr viel Zeit. Eine Stunde vielleicht oder gar nur wenige Minuten? Was war noch wichtig, was es zu bedenken lohnte, – und für wen? Sterbende sollen angeblich doch ihre Vergangenheit wie einen Film nochmal im Geist ablaufen sehen! Ich sah nichts. Ich dachte noch nicht einmal an die Familie!

Wie war das möglich? War mir meine eigene Familie so wenig wert? Nein, ich wollte mir einfach nicht vorstellen, wie schwer sie ohne meine Unterstützung ihre Probleme in Zukunft lösen sollen.

Die Gedanken daran würden mich bedrücken und ich wollte mich nicht noch mehr ängstigen.

Was für eine besch… Situation. Ich verreckte in diesem Zahnarztstuhl und die Ärzte standen daneben und konnten nichts tun, rein gar nichts. Wäre ich doch heute nur ins Büro gegangen. Tabletten gegen die Zahnschmerzen hätte ich doch nehmen können. Warum war der Zug nicht entgleist?

Lieber verletzt aus einem Zug geborgen, als im Zahnarztstuhl ersticken!

Und außerdem der Albert, hatte er nicht damals sein Motorrad „zu Tode gepflegt" mit seiner Gründlichkeit, dieser immer besorgte Ängstliche, alles Bedenkende? Toller Kerl! Und jetzt stand er da mit seinem Talent, der völlig überforderte Herr Zahnarzt, und wusste nicht weiter. Ließ mich einfach so verrecken!

Wusste der eigentlich, wie es ist, wenn man stirbt? Ich wusste es jetzt und bald würde ich auch wissen, wie es ist, danach! Ich wollte es aber nicht wissen, und schon gar nicht jetzt! Warum half mir denn keiner? Großer Gott im Himmel, wenn es dich gibt, tu doch was, die Mediziner wissen nicht mehr weiter, flehte ich innerlich. Die schauten einfach weg. Schauten noch immer aus dem Fenster, als ob ich nicht da wäre. Wie feige sie waren, standen wenige Schritte neben mir und waren doch so weit entfernt. Entfernt davon, mich im Leben zu halten. Ja, wenn sie mich ansehen würden, käme ihnen ihre Hilflosigkeit zu Bewusstsein. Sie würden in meinem Blick, an meinem Zustand, ihre medizinischen Grenzen erkennen, das hielten sie wohl nicht aus.

Vielleicht waren sie auch böse auf mich, die Ärzte, weil es nun schon so lange dauerte, mein Sterben. Was konnte ich denn dafür? Ich wollte doch noch nicht gehen. Und heute schon mal gar nicht. Verdammtes Pack, warum steht ihr nur rum?

Ihr habt doch studiert, habt ihr nichts gelernt? Macht doch was. Irgendetwas, aber steht doch nicht so hilflos rum! Diese Vorwürfe konnten sie nur meinen Blicken entnehmen, sprechen konnte ich schon seit geraumer Zeit nicht mehr.

Die Kehle war bis auf einen winzigen Spalt zugeschwollen und ich bekam nur röchelnd Luft.

Die Kommunikation, wenn sie denn stattfand, lief über Zeichensprache. Und so gab ich zum wiederholten Male zu verstehen, dass ich nicht in eine Klinik eingeliefert werden wollte. Der Gesichtsausdruck der beiden Ärzte ließ erkennen, dass sie für meinen Zustand auch in einer Klinik keine Aussicht auf Besserung sahen.

Natürlich hätten sie auch ohne meine Zustimmung den Transport in ein Krankenhaus veranlassen können, wenn sie gewollt hätten. Ich wollte aber nicht, und so bot der Urologe an, mich in seine benachbarte Klinik zu verfrachten. Er betrieb eine Praxis mit einer Dialysestation mit mehreren Betten, von denen eines zurzeit nicht belegt war. Und ich könnte doch dort, unter Beobachtung der permanent anwesenden Krankenschwestern zur Ruhe kommen.

Zur „Ruhe" kommen wollte ich nicht, verdammt noch mal, ich wollte leben! Ruhe war für mich Friedhof. Draußen war das Leben, vor der Tür. Hier in diesen aseptischen Räumen schlich der Tod umher. Ich wollte raus hier. Heftig nickend gab mein Kopf Zustimmung, sodass ich nach einer viertel Stunde, gestützt von beiden Ärzten, im Zeitlupentempo die Praxis verließ.

Während der Eine dabei den Infusionstropf hochhielt, bugsierte mich der Andere in das herbeigeholte Auto. Wir fuhren die hundert Meter bis zur Praxis, ja, es waren tatsächlich nur hundert Meter, und eine besorgt wirkende Krankenschwester half mir aus dem Wagen. Ich glaube mich erinnern zu können, dass sie hübsch war.

Aber was nutzten schon hübsche Krankenschwestern und studierte Ärzte, wenn man gerade das Leben aushauchte? Nun wurde ich erst einmal auf eine Krankenliege gebettet. Ringsherum waren Apparate und Maschinen, die stampfende, zischende und gurgelnde Geräusche von sich gaben. War ich nun in der Vorhalle der Hölle gelandet? Lebten diese vier Menschen überhaupt noch, die mit diesen Geräten durch Schläuche und Kabel verbunden waren?

Ja, sie lebten noch. Ein Lebewesen, es war eine Frau drehte ihren Kopf etwas in meine Richtung und lächelte mich an. Tja, sie lächelte mich einfach nur an, mehr nicht. Dabei sahen ihr Körper oder zumindest ihre Beine zum Fürchten aus. Die Beine waren offen, blutig und deformiert. Und was tat diese Frau, der die Beine gehörten? Sie lächelte.

Als ob es das Selbstverständlichste der Welt wäre, solche Beine zu haben. Und daneben lag ein Mann. Nie hatte ich vorher ein solches Gesicht gesehen. Blass, fast durchsichtig, wie die Nachbildungen im Wachsfigurenkabinett von Madame Tussaud in London. Nicht ich war tot, nein, der durchsichtige Mann dort war tot. Er musste tot sein, so sah doch kein Lebender aus!

Das also waren Dialysepatienten, Menschen mit Nierenversagen, deren Blut mehrmals in der Woche mit diesen künstlichen Nieren, medizinischen Maschinen, gewaschen wurde.

Der Raum, in dem wir uns befanden, war ein ausgebauter Kellerraum. Unwillkürlich musste ich an die Gruselgruft eines Dr. Frankenstein denken. Mit Blut gefüllte Behälter und Pumpen, die sich zischend auf und ab bewegten, und dann noch die bewegungslos daliegenden Leiber. Und doch, es musste für die betroffenen Menschen wie ein Geschenk des Himmels sein, diese Apparatur, die ihnen das Weiterleben ermöglichte.

Mich beschämte das Schicksal dieser Menschen und ich kam mir jämmerlich vor wegen meiner kleinen Unpässlichkeit. Auf die Frage der Schwester nach meinem Befinden sagte ich etwas zu laut: „Gut geht's mir, schon viel besser."

Und erst jetzt wurde mir schlagartig bewusst, ich konnte wieder sprechen! Nach zwei Stunden konnte ich wieder sprechen. Die Schwester hatte mich verstanden und ich mich auch. Ich hatte mich reden hören. Meine eigene Stimme war das, zwar noch krächzend und schauerlich anzuhören, aber immerhin sie war wieder da. Aber was hieß das jetzt? War ich über'n Berg? Musste ich nun nicht mehr sterben oder doch?

Warum kam dann aber meine Stimme zurück? Womöglich nur um „Lebewohl" zu sagen? Wie makaber, dafür brauchte ich keine Stimme. Wenn ich wieder sprechen konnte, wollte ich auch wieder leben! Doch was nützte die Sprache allein, ich wollte auch fühlen, anfassen können, wo waren meine Hände, meine Arme? Waren sie auch wieder da! Ja, tatsächlich ich spürte sie! Sie gehörten wieder zu meinem Körper. Ich fühlte sie, obwohl ich sie nicht bewegte.

Jetzt versuchte ich, mit meiner rechten Hand an meinen Hals zu fassen. Nein! Nicht an den Hals! Er war Auslöser allen Übels heute. Aber was war mit ihm? Er war nicht mehr zugeschnürt, gleichwohl von seinem Normalzustand noch weit entfernt. Und die Beine, auch die waren wieder da, und schon hob sich, auf mein Kommando, das linke ein wenig in die Höhe.

Heureka, es war geschafft, ich würde nicht sterben, ich würde leben. Die Beschwerden ließen nach und mich durchströmten unbeschreibliche Gefühle der Dankbarkeit.

Wem hatte ich dankbar zu sein? Den Ärzten, meiner Kämpfernatur oder vielleicht der Vorsehung? Den Ärzten würde ich dankbar sein, sie hatten mich gerettet und vor dem Tod bewahrt. Auch wenn es lange nicht danach aussah.

Doch jetzt, nach einer endlos erscheinenden Zeit ging es mir etwas besser. Zwar noch immer ziemlich mies, aber nun wollte ich so schnell wie möglich nach Hause. Nach einer weiteren Stunde

Ruhe rief mir die Schwester ein Taxi und nach aufrichtigem „Dankeschön" verließ ich die Praxis.

Die Taxifahrerin war freundlich und versprach, auf meine Bitte hin, einen etwas moderateren Fahrstil anzuwenden. Leider redete sie sehr viel. Mir war nicht nach Reden und schon gar nicht nach Zuhören. Ich war froh, dass es mir wieder halbwegs besser ging, und hatte nicht das geringste Interesse an den Geschichten der Frau.

Sie konnte natürlich nicht wissen, dass ich mehr als vier Stunden um mein kleines, lausiges Leben gekämpft hatte. Also ertrug ich ihre Litanei mit Ergebenheit und Demut. Es waren ja nur noch wenige Hundert Meter bis zum Ziel.

Nur diese eine Kurve noch, von der Schnellstraße in die Nebenstraße und schon … Mir stockte der Atem! Uns kam ein Fahrzeug entgegen! Das durfte aber eigentlich nicht sein.

Ich schrie die Fahrerin mehr aus einem Reflex heraus an:

„Rüber, da rüber, um Gottes willen, was machen Sie denn, so fahren Sie doch endlich da rüber!"

Ich schrie wie ein Irrer, vor Angst und Wut über diese dämliche Taxifahrerin, die mein gerade erst wiedergewonnenes Leben gefährdete.

Wir waren auf der falschen Fahrbahnseite! Die Fahrerin befuhr die Abfahrt auf der linken Seite! Nur die Geistesgegenwart des Entgegenkommenden hatte einen Frontalzusammenstoß verhindert!

„Entschuldigung, das tut mir leid, aber ich habe den anderen nicht gesehen, ich versteh gar nicht, wieso ich auf die falsche Fahrbahn geraten bin. Tut mit leid, entschuldigen Sie bitte, es ist aber auch sehr heiß heute, – über dreißig Grad, da ist die Fahrerei schon eine Belastung. Den ganzen Vormittag habe ich damit schon Mühe."

„Dann lassen Sie Ihr Auto doch stehen, verdammt noch mal,

wenn es Ihnen zu heiß ist. Wollen Sie mich auch umbringen?", schrie ich ihr entgegen.

„Wieso auch umbringen – ich versteh nicht, wie meinen sie denn das?"

„Vergessen Sie's, ist schon gut, ich habe heute nur ein etwas dünnes Nervenkostüm, tut mir leid, es war nicht so gemeint", beruhigte ich mich langsam wieder.

Ich zählte die Sekunden, bis sie das Fahrzeug zum Stehen brachte. Reichte ihr einen großen Geldschein, wahrscheinlich viel zu viel, und verließ fluchtartig ihr Taxi.

Ihre Dankbarkeitsbekundungen ob des großzügigen Trinkgeldes hörte ich nur noch aus der Ferne und sah sie dabei fröhlich winkend die Einbahnstraße in falscher Richtung davonfahren.

Und während ich froh darüber war, ein zweites Mal dem Tod entronnen zu sein, verdüsterte sich der Himmel zusehends. Fast schwarz war alles ringsherum und es hob ein Grollen, Donnern und Blitzen an, dass es einen fürchten machte. Die Luft roch nach Pech und Schwefel.

So stellte ich mir den Beginn des Weltuntergangs vor. Gab der „Sensenmann" noch immer nicht auf, mich zu holen? Wurde das jetzt der dritte Versuch? Sollte ich nun durch einen Blitz niedergestreckt werden? Das konnte doch nicht wahr sein! Während mir diese verrückten Gedanken in den Sinn kamen, fürchtete ich erneut um mein Leben und rannte über die Straße.

Schwer atmend erreichte ich das Haus, riss die Tür auf und die Mutter meines Sohnes stand vor mir und starrte mich an, als wäre ich ein Geist aus einer anderen Welt.

„Jetzt hast du mich aber zu Tode erschreckt! Was ist denn um Gottes willen passiert? Wo warst du die ganze Zeit? Ich denke, du wolltest nur zum Zahnarzt. Du siehst ja wie der leibhaftige Tod aus! Was ist passiert, so sag schon!"

„Mach schnell alle Fenster und Türen zu. Es wird gleich ein Blitz ins Haus einschlagen, das gilt mir, ich weiß es", waren meine letzten Worte zu dieser schauerlichen Geschichte an jenem Tag.

Und während ich diese Aufzeichnungen beende, bemerke ich, dass ich vier Stunden gebraucht habe, um diese Erlebnisse aufzuschreiben. Vier Stunden!

Genau so viel Zeit, wie „mein Sterben" gedauert hatte, damals, an jenem heißen Sommertag, dem 24. Juli 1995. Der Tag, an dem ich noch nicht „dran" war.

24. Ich hatte mich nicht verhört. Die 24 war gekommen. Es war dieselbe Zahl wie dieser Unglückstag. Die Kugel war nun doch noch vom oberen Rand des Kessels in ein Zahlenfach gestürzt. Aber die 24 war nicht die von mir gesetzte Zahl. Wieder nicht gewonnen. Wäre sie doch nur dort oben noch am Kreisen, am Kesselrand. Dann wäre nichts verloren und die Kugel könnte immer noch in die 11 fallen.

Da schoss mir eine Vision durch den Kopf. Diese Kugel, nein, alle Elfenbeinkugeln hier in diesem Casino, in allen Casinos von Deutschland, Europa, ja der Welt würden sich fortan im Kessel ohne Unterlass drehen, und drehen und drehen und nicht mehr herunterfallen! In kein Zahlenfach. Nie und nimmer mehr. Sie würden nie mehr aufhören, sich zu drehen. Dann gäbe es keine Zahlen mehr und keine Verlierer – nie mehr.

Und alle Spieler starrten dann auf die Elfenbeinkugel, und sie würde sich drehen und drehen und drehen und niemals ein Ende finden. Niemand würde den Roulettekessel anzuhalten wissen, und keine Macht könnte die Kugel stoppen in ihrem endlosen Lauf, der noch andauerte, selbst dann, wenn alle Casinogebäude dieser Welt längst dem Verfall preisgegeben waren und auch die letzten Spieler irgendwann nach Hause gegangen sein würden, nach Hause zu ihren Familien und Freunden.

Und niemand würde mehr an die kleine weiße Kugel denken. Und die Casinodirektoren würden nicht mehr „soziale" Aufgaben wahrnehmen, wie es mir ein Casinodirektor bei einem Gespräch weismachen wollte. Aber der hatte noch ganz andere Unverschämtheiten auf Lager, wie ich mich jetzt noch sehr genau an das Gespräch an der Bar erinnerte.

An der Bar

Direktor: *„Sagen Sie mal, lieber Herr Schmidt, wie kommen Sie bloß darauf, dass Sie spielsüchtig sind?"*

Schmidt: *„Ich habe Millionen in zwei Jahren verloren."*

Direktor: *„Das ist allerdings viel Geld. Woher hatten Sie diese enormen Summen? Haben Sie eine Bank überfallen?"*

Schmidt: *„Nein, natürlich nicht. In 25 Jahren Selbstständigkeit redlich erarbeitet."*

Direktor: *„Sie sind also nicht kriminell geworden?"*

Schmidt: *„Nein!"*

Direktor: *„Dann können Sie gar nicht spielsüchtig sein! Ist Ihnen denn nicht bekannt, dass eine Spielsucht immer mit Beschaffungskriminalität einhergeht?"*

Schmidt: *„Ich habe davon gehört. Also hätte ich besser eine Bank überfallen sollen – wäre ich dann glaubwürdiger?"*

Direktor: *„Keineswegs, ich bitte Sie. Obwohl – glaubwürdiger für eine Spielsucht wäre es schon. Außerdem würden Sie in einem Strafprozess mildernde Umstände bekommen – dieser Vorteil entgeht Ihnen aber jetzt."*

Schmidt: *„Also ist ohne Straftat niemand spielsüchtig?"*

Direktor: *„Nun ja, so würde ich das nicht sagen wollen, aber es käme doch schon erleichternd hinzu. Woran wollen Sie Ihre angebliche Spielsucht denn noch erkannt haben?“*

Schmidt: *„Ich konnte nie aufhören mit dem Spielen, egal ob ich gewonnen oder verloren hatte. Stundenlang saß ich oftmals am Roulettetisch, ohne Unterbrechung.“*

Direktor: *„Das könnte eventuell ein mögliches Anzeichen sein. Wie viele Stunden haben Sie denn da so verbracht?“*

Schmidt: *„Ich weiß von einem Tag, von nachmittags um 15:00 Uhr bis zum nächsten Morgen um 3:00 Uhr – bis das Casino schloss. Sozusagen zwölf Stunden am Stück – ohne Pausen.“*

Direktor: *„Ohne Pausen? Mussten Sie denn nie zur Toilette?“*

Schmidt: *„Doch, das natürlich ja.“*

Direktor: *„Na sehn Sie, da konnten Sie zwischendurch ja doch immer wieder mal mit dem Spielen aufhören. Sie hatten sich also unter Kontrolle, sozusagen.“*

Schmidt: *„Ja, hätte ich mich vor all den Leuten am Roulettetisch einnässen sollen?“*

Direktor: *„Nein, natürlich nicht. Gleichwohl wäre es in Bezug zu einer Spielsucht schon glaubwürdiger gewesen. Es ist nun mal ein wesentliches Indiz der Spielsucht „nicht aufhören“ zu können und sich durch nichts vom Spie-*

len abbringen zu lassen. Was haben Sie während dieser zwölf Stunden an Nahrung zu sich genommen?"

Schmidt: *„Nichts – ich war so auf das Spielen fixiert, dass ich vergessen hatte, etwas zu essen."*

Direktor: *„Bewundernswert, da hatten Sie Ihr Hungergefühl sozusagen ‚voll im Griff'; unter Kontrolle also. Auch dies ist ein weiterer Beweis für eine nicht vorhandene Spielsucht. Das gravierende Merkmal einer Spielsucht ist – wie schon gesagt – der Kontrollverlust; wie übrigens bei vielen anderen Süchten auch!*

Prost, Herr Schmidt, noch ein Gläschen?"

Schmidt: *„Prost, Herr Direktor, Sie können einen überzeugen."*

Direktor: *„Wie waren denn Ihre sozialen Kontakte in unserer Spielbank, lieber Herr Schmidt?"*

Schmidt: *„Ich hatte keine. Ich wollte mit den Anwesenden keinen näheren Kontakt haben. Mich interessierte nur das Spielen am Roulettetisch."*

Direktor: *„Das ist bedauerlich. Wissen Sie denn nicht, dass unser Casino auch eine soziale Begegnungsstätte für viele darstellt? Mit Stolz möchte ich darauf verweisen, dass alle Gesellschaftsschichten – vom Unternehmer bis zum Sozialhilfeempfänger – unsere Serviceleistungen in Anspruch nehmen!*

Da grenzen wir niemanden aus. Aber wenn selbst diese Vielfalt an interessanten Menschen Sie nicht vom

Spielen ablenken konnte, zeigt es doch nur ein weiteres Mal ihre Standhaftigkeit. Ihr zielorientiertes Handeln schließt einen Kontrollverlust somit aus."

Schmidt: *„Ja, wäre Ihnen lieber gewesen, ich hätte mich nur mit den Anwesenden unterhalten und selbst nicht gespielt?"*

Direktor: *„Um Gottes Willen, nur das nicht. Unser Casino ist doch zum Spielen da. Darum kommen Sie ja auch zu uns. Nein, was ich nicht verstehe, ist, dass Sie sofort aus dem Hause stürmen, wenn Ihnen die Geldmittel ausgegangen sind.*

Warum bleiben Sie nicht anschließend noch ein wenig da und entspannen sich bei einem Fachgespräch mit anderen Stammgästen. Auch die gemeinsame Ausarbeitung einer neuen Strategie für den nächsten Tag kann doch sehr anregend sein. Allerdings wären das dann tatsächlich Anzeichen einer eingeschränkten Geschäftsfähigkeit, aber so?"

Schmidt: *„Alles was ich Ihnen bisher vorgetragen habe, lassen Sie als Zeichen einer Spielsucht nicht gelten? Was ist denn mit den familiären Kontakten, die ich eingestellt habe? Zählt das auch nicht?"*

Direktor: *„Ich bitte Sie, lieber Herr Schmidt. Es wird Ihnen doch niemand vorwerfen können, wenn Sie Ihren Sohn vor der Erkenntnis schützen wollen, dass Ihr finanzieller Spielraum eingeschränkt ist. Ihr Verhalten zeigt doch soziale Verantwortung gegenüber Ihrer Familie, sie* *nicht mit solchen Dingen zu belasten."*

Schmidt: *„Ja, wenn Sie das so sehen, kann mich das überzeugen. Dann bin ich also gar nicht spielsüchtig?"*

Direktor: *„Selbstverständlich nicht, mein Lieber. Sie gehen einer modernen, staatlich geförderten Freizeitbeschäftigung nach. Sie wissen doch am besten, wie unterhaltsam und spannend es bei uns zugeht. Sie sollten mal Ihre Frau oder ein paar Freunde mitbringen und gemeinsam Spaß haben."*

Schmidt: *„Ja, wenn das Glücksspiel überhaupt nicht gefährlich ist, warum gibt es dann Suchtberatungsstellen und den Verband für Glücksspielsüchtige in Herford?"*

Direktor: *„Nun, diese so genannten Beratungsstellen haben einen reinen Selbstzweck und sind im eigentlichen Sinne nicht erforderlich. Spielsüchtige bedürfen keiner Beratung, weil es keine Spielsüchtigen gibt!*

Schauen Sie – es ist doch nur ein Spiel, sehen Sie es doch mal von der Warte. Oder würden Sie Menschen beim Fußballspielen, beim Golfspielen oder gar Kinder beim Spielen in der Sandkiste für Süchtige halten? Na, sehn Sie. Das Verkrampfte muss einfach raus aus diesem Thema, dann versteht sich alles wie von selbst – spielerisch sozusagen.

Schmidt: *„Mehrmals schon habe ich einen Freund belogen – bis er dahinterkam. Jetzt fragt er mich geradeaus, ob ich spielsüchtig bin!"*

Direktor:	*„Gute Güte, wenn jeder spielsüchtig wäre, der lügt, wir wären ja ein Volk von Spielsüchtigen, oder? Nein, man muss das mehr historisch sehn.* *Als Erstes war ja nun mal die Lüge auf der Welt. Das Glücksspiel kam dann später, logischerweise! Darauf trinken wir noch einen! Auf Ihr Glück, Herr Schmidt."*
Schmidt:	*„Prost, Herr Direktor, ich glaube, mir wird gleich schlecht!"*
Direktor:	*„Na, na, mein Guter. Durchhalten heißt die Parole. Sie sehen allerdings tatsächlich etwas mitgenommen aus. Ist Ihnen nicht gut?"*
Schmidt:	*„Müde bin ich, nur müde, Herr Direktor. In letzter Zeit leide ich sehr unter Schlafstörungen."*
Direktor:	*„Jetzt kommen Sie mir nicht schon wieder mit Ihrer Spielsucht. Lieber Herr Schmidt, überlegen Sie doch mal. Wenn Sie an dem besagten 12-Stunden-Tag keine Schlafstörungen gehabt hätten, dann wären Sie womöglich mit einem riesigen Spielverlust zu Bett gegangen. Fast 300.000 Mark hätte Sie dann der Abend gekostet, ich kann Ihnen die Aufzeichnungen zeigen. Durch Ihre Schlafstörungen bedingt, konnten Sie bis morgens durchspielen und der Tag endete für Sie nur noch mit 16.000 Mark Verlust. Das war doch ein echter Gewinn für Sie."*
Schmidt:	*„Ach, Herr Direktor, Sie machen mir Mut. Aber bei*

mir dreht sich das Leben nur noch ums Geldgewinnen im Casino. Das kann doch kein Lebensinhalt sein, das ist doch krankhaft!"

Direktor: *„Mein Lieber, unser Personal hat doch dasselbe Problem wie Sie.*

Was glauben Sie, woran die fortwährend denken, wenn sie im Haus sind?

Aber krankhaft ist dieses Denken an Geld natürlich nicht. Unsere Croupiers sind immer freundlich und lächeln Ihnen doch aufmunternd zu. Haben Sie jemals kranke Menschen gesehen, die so ausdauernd lächeln können?"

Schmidt: *„Nein, da haben Sie natürlich Recht, Ihre Angestellten sind ausgesprochen aufmerksam. Das gefällt und schmeichelt mir. Leider muss ich in Zukunft etwas kürzertreten, meine Firma ist in Konkurs."*

Direktor: *„Kopf hoch, lieber Herr Schmidt, darauf trinken wir einen! Alles wird gut – prosit."*

Schmidt: *„Prost, Herr Direktor. Wie soll es nur weitergehen?"*

Direktor: *„Gemach gemach, mein Bester. Vordergründig mag das ja eine unangenehme Sache für Sie sein. Bedenken Sie aber auch mal die Vorteile für Ihre Familie. Morgens können Sie erst mal richtig ausschlafen. Wenn dann die Kinder in der Schule sind, gehen Sie Ihrer Frau zur Hand – in der Küche oder wo auch immer, he, he.*

Nachmittags kümmern Sie sich um die Kinder und spät abends, wenn die Familie schläft, haben Sie frei. Dann können Sie bei uns entspannt Ihrem Hobby nachgehen. Und damit auch Sie noch genügend Schlaf bekommen, schließen wir um 3:00 Uhr am Morgen. Da können Sie sich ausreichend erholen und wir sehen Sie fit am nächsten Tag wieder. Und über die finanziellen Möglichkeiten unseres Hauses mit 97,3 % Ausschüttungsquote brauche ich ja wohl nichts weiter zu sagen. Wo bekommen Sie sonst solche Chancen?

Sie waren ja auch schon oftmals dem möglichen Gewinn auf der Spur? Denn wie heißt es so schön? ‚Gehe dem Erfolg auf den Grund und du wirst Beharrlichkeit finden!'

In diesem Sinne, Prost, Herr Schmidt!"

Zwanzigtausend Mark waren eine Menge Geld und mehr, als die meisten Anwesenden hier im Raum zur Verfügung hatten. Und doch war es wenig im Vergleich zu dem, was ich einmal besessen hatte. Ich hatte verloren, zu viel verloren in den letzten zwei Jahren; eigentlich fast alles, was ich besaß. Und heute war die letzte Möglichkeit, den Schaden zu begrenzen. Ja, vielleicht die Chance, das verlorene Geld zurückzugewinnen. Darum war ich wieder hier, – hier in der Spielbank.

Nur musste ich es heute klüger angehen als beim letzten Mal. Bloß nicht wieder so leichtsinnig werden, kleine Einsätze und dann abwarten und schauen, wie's lief. Nur nicht noch mal so unkontrolliert spielen wie vor ein paar Tagen. In zwei Stunden hatte ich dadurch 50.000 Mark verloren. Heute würde ich vorsichtiger agieren. Nur keine Hektik aufkommen lassen, in einen Spielrausch fallen, das war gefährlich.

Ich kannte die Geheimnisse des Roulette, wusste, wann man setzen durfte und wann nicht. Da machte mir so schnell keiner was vor. Schließlich spielte ich seit zwei Jahren intensiv und hatte einige Erfolge zu verzeichnen. Na ja, mein Vermögen von fünf Millionen war bis auf diese letzten 20.000 Mark, die ich heute dabeihatte, verloren. Aber das lag nur daran, dass ich nicht aufhören konnte, egal ob ich gewann oder verlor. Das würde ich auch noch in den Griff bekommen und heute war die letzte Gelegenheit dazu, denn wenn es mir heute nicht gelang, war das Spiel vorbei! Für immer. Für immer und ewig!

Noch schwerer als das Aufhören nach einem Gewinn war es, das Spiel zu beenden, wenn man verloren hatte. Wer verlässt schon gerne das Schlachtfeld nach einer Niederlage? Jeder gute Spieler weiß, dass er sich ein Limit setzen sollte und, wenn diese Verlustsumme erreicht ist, er sofort aufhören muss zu spielen.

Nur wenn er diese Strategie konsequent gegen sich selbst durchsetzt, spielt er professionell.

Mir gelang weder das Aufhören bei Verlusten noch konnte ich nach einem Gewinn aufhören. Egal ob ich verlor oder gewann, ich konnte das Spiel nicht beenden. Niemals. Ab heute würde ich das ändern. Das hatte ich mir fest vorgenommen.

Es war meine letzte Chance und die musste ich nutzen. Kostete es, was es wolle. Die letzten 20.000 Mark. Es würde mir gelingen, und in einem Jahr hätte ich meine Millionen wieder zurückgewonnen – bestimmt. Nur die Kontrolle über mich musste ich erlangen, mehr nicht. Dann wäre es so einfach.

Nicht so wie neulich. Da konnte ich kein Spiel auslassen.

Ich hatte es nicht einmal geschafft, ein Spiel auszulassen. Nur bezuzuschauen – ohne Einsatz – und mich nicht am Spiel zu beteiligen, das war mir nicht gelungen. Die Angst, dass dann gerade, wenn ich nicht gesetzt hatte, meine Zahl kommen würde, versetzte mich in Panik. Und so schmolz der Berg meiner Jetons unaufhörlich zusammen.

Vergeblich hatte ich versucht aufzustehen, an einem anderen Tisch zu spielen, in der Hoffnung, dort mehr Glück zu haben, aber es gelang mir nicht. Wie verwurzelt saß ich da, unfähig, mich zu rühren. Wenn ich wenigstens einen Harndrang verspürt hätte, dann wäre ich gezwungen gewesen aufzustehen. Das hätte mir mindestens fünftausend Mark erspart – auf der Toilette konnte man noch keine Einsätze tätigen, noch nicht! Aber vielleicht kommt das ja auch noch, irgendwann.

Während ich diesen Gedanken nachhing, hatte ich unbewusst, mehr mechanisch, bei jedem Spiel einige Jetons auf verschiedene Zahlen gesetzt und verloren.

Verdammt, ich zählte nach – es waren nur noch 14.000 Mark vorhanden. 6.000 waren bereits wieder verspielt, sollte das heute so weitergehen, wie es vor ein paar Tagen geendet hatte? Nur das nicht. Das wäre mein Ruin. Diese 20.000 waren doch alles, was ich noch hatte – der Rest, dann ging nichts mehr.

Schluss mit dem Grübeln über gestern, heute war angesagt, heute musste ich beweisen, dass ich trotz meiner Verluste doch etwas vom Roulette verstand. Welche Zahl war gerade gekommen? Die 8, aus der kleinen Serie, eine Sequenz von zwölf Zahlen, welche nebeneinander im Roulettekessel liegen. Ich hatte die Orphelins (franz. *„Waisenknaben"*) gesetzt, also wieder nicht unter den Gewinnern.

Meine „Lieblingszahl“ war die 17, obwohl ich in den zwei Jahren sehr viel Pech mit der Zahl hatte. Nein, das war heute das letzte Mal mit der 17, ich würde mir eine andere Zahl aussuchen. Die 11, es war November und als Skorpion hatte ich in diesem Monat Geburtstag, ein gutes Omen. Das würde mir Glück bringen, davon war ich jetzt überzeugt. „11 Plein Chevaux à 100 Mark“, annoncierte ich bei dem Croupier und schob ihm 500 Mark hin.

Er setzte meine fünf Hunderter-Jetons auf die entsprechenden Zahlen und angespannt wartete ich darauf, dass er die Kugel in den Roulettekessel einwarf. Ich hatte ein gutes Gefühl. Die 11 würde kommen und ich würde 10.300 Mark erhalten. Das wäre doch schon mal was.

Herrgott noch mal, wie lange will er denn noch warten, dachte ich. Der dem Roulettekessel am nächsten sitzende Croupier blickte mit gelangweiltem Gesichtsausdruck in die Runde. Warum verdammt noch mal warf er die Kugel nicht rein. Oder sollte es ein Wink des Himmels für mich sein?

Womöglich kam die 11 nicht und noch hatte ich die Chance, meinen Einsatz auf einer anderen Zahl zu platzieren. Vielleicht doch lieber die 17? Zu spät, jetzt hatte er „rien ne va plus“ gerufen. Zu deutsch: „Nichts geht mehr“, das hieß, man durfte die Einsätze weder herunternehmen noch auf eine andere Zahl verschieben.

Wenn dieser Satz vom Croupier gesprochen war, durfte an den Einsätzen nichts mehr verändert werden, ja nicht einmal mehr anfassen durfte man die Jetons, die dort auf dem Tableau, dem grünen Filz, lagen und darauf warteten, dass die Kugel in das entsprechende Nummernfach fiel.

Dem Gewinner zur Freude und dem Verlierer zur Qual.

1, laut und vernehmlich war es zu hören. Der Croupier hatte „1" gerufen, die 1 war gekommen. Na toll. Ich war nicht unter den Gewinnern. Auch unter den zusätzlichen Zahlen, die ich mit der 11 gesetzt hatte, war die 1 nicht dabei. Warum hatte ich nicht auch die 1 gesetzt? Es ist der Geburtstag von meinem Ziehsohn. Wie konnte ich ihn nur vergessen, den Patric. Das war die gerechte Strafe, dass die 1 gefallen war.

Tagelang hatte ich mich nicht bei ihm gemeldet, dabei wollte ich ihn doch schon vor einer Woche im Internat besuchen. Noch nicht mal angerufen hatte ich. Es war keine Zeit dafür, ich musste spielen. Später würde ich alles nachholen, nur jetzt nicht, jetzt musste ich die Kugel im Kessel verfolgen, sie besiegen, ihren Lauf vorausahnen und auf die richtige Zahl setzen. Später würde ich Zeit haben für den Jungen, ich würde ihm alles erklären, das würde er doch verstehen, das musste er verstehen, er war doch schon 14 Jahre alt. 14?

14! Natürlich, die war's. Die 14 war die Zahl, die als Nächste käme. Schon wieder ein Wink des Schicksals. „Setzen Sie 500 Mark für mich auf die 14", bat ich den Croupier, der mir am nächsten saß. „Rien ne va plus – nichts geht mehr", hörte ich den Croupier ansagen. Mit leisem Sirren kreiste die Elfenbeinkugel am oberen Kesselrand. In höchster Erregung starrte ich gebannt, wie sie ihre Bahnen zog.

23, dreiundzwanzig. Ich hatte mich nicht verhört. Die 23 war gekommen. Die Kugel war nun doch noch vom oberen Rand des Kessels in ein Zahlenfach gestürzt. Aber diese Zahl war nicht die meine gewesen. Wieder nicht gewonnen. Wäre sie doch nur dort oben haften geblieben, am Kesselrand. Dann wäre nichts verloren und die Kugel könnte immer noch in die 14 fallen.

Was war mit Patric? Ich hatte ihn vergessen, daher fiel die Elfenbeinkugel zur Strafe vorhin in die 1, sein Geburtstag. Eine Gitarre hatte ich ihm versprochen, wenn nicht zum Geburtstag, dann aber zu Weihnachten, das war nicht mehr weit hin.

Im Internat wollte ich ihn auch mal wieder besuchen, aber noch nicht einmal für ein Telefonat mit ihm reichte meine Zeit, nur das Roulettespiel hatte ich im Sinn. Ich war kein guter Vater, nein, das war ich wirklich nicht. Fünfhundert Mark würde die Gitarre kosten, und da er in diesem Jahr noch nichts von mir bekommen hatte, war sein heimlicher Wunsch mehr als angemessen.

Außerdem war sein Vater mehrfacher Millionär und konnte ein solches Geschenk leicht finanzieren. Gewesen, mein Lieber, Millionär gewesen, musste es heißen.

Denn der Vater hockte gerade wieder in der Spielbank und war dabei, auch den allerletzten Rest seines Vermögens zu verspielen. Die letzten, unwiderruflich letzten 20. 000 Mark.

Was war gekommen? Welche Zahl war gefallen? Das Grübeln lenkte mich zu sehr vom Spielgeschehen ab. Ich würde aufmerksamer sein müssen. Zero, die Kugel lag in der Null. Wieder verloren. Auch diese Zahl hatte Symbolik für mich. Wollte sie mir sagen, dass ich eine Null, ein Versager war? In kaum mehr als zwei Jahren über fünf Millionen Mark zu verlieren, das war doch schon idiotisch, verrückt, das war einfach nicht normal.

Welcher gesunde Verstand machte denn so etwas? Ich hatte einfach keine Erklärung für mich, wie es dazu gekommen war. So musste sich ein Schiffbrüchiger fühlen, in einem Boot mitten auf dem Atlantik, den Wellen hilflos ausgeliefert, unfähig zu steuern, noch den Kurs oder Land zu erkennen. Ein hilfloser Spielball unbekannter, drohender Mächte und Einflüsse.

Jetzt war ich schon wieder am Grübeln, verdammt noch mal. Schluss, aus, ich hatte ja noch 4.000 Mark. Richtig eingesetzt würden sie mir schnell Tausende zurückspielen, in meine Taschen. Das hatte ich oftmals erlebt. Selbst mit einem letzten Hunderter hatte ich mich schon einmal wieder bis 18.000 Mark hochgerappelt. Das war jederzeit möglich, ich wusste es und hatte es auch schon bewiesen.

Warum also sollte es diesmal nicht auch gelingen? Aber was setzen? Welche Zahl würde als Nächste kommen? Warum hatte ich keine Eingabe, keine Ahnung, kein Gefühl? Wenn ich nicht bald gewann, war es aus mit mir – endgültig. Den Kindern würde ich nicht mehr unter die Augen treten können. Ich wusste nicht mehr weiter, was sollte ich nur tun?

Jetzt lächelte mir auch noch der Croupier auffordernd zu. Aber nein, er lächelte ja gar nicht, ein Grinsen war es eher, ein gemeines Grinsen. Fühlte er meine Situation, meine Notlage, meine Unsicherheit und meine Angst vor dem Aus, vor dem Ende? Ich sah ihn an. Er wollte mein Geld! Ich sah es ihm an. Er wollte alles.

Selbst das Geld für die Weihnachtsgeschenke der Kinder wollte er mir nicht lassen – ich sah es in seinen gierigen Augen. Wieder befiel mich die Angst, hilflos und ausgeliefert fühlte ich mich. Wie erstarrt saß ich an meinem Platz, unfähig mich zu bewegen. Zweitausend Mark vor mir auf dem Roulettetisch – der Rest. „Bitte, das Spiel zu machen", hörte ich den Croupier drohend rufen.

Lauernd schaute er zu meinem mickrigen Rest an Jetons. Er würde sie sich holen, ich spürte es.

„Große Serie à 100“, krächzte ich und schob dem Croupier zwei 500er zu.

„Wie bitte, der Herr?“, klang es laut und für alle Umstehenden am Tisch vernehmlich vom Croupier zurück.

Wie peinlich mir das war, alles schaute zu mir. Nicht nur mein letztes Geld wollten sie von mir, die Croupiers, nein, erniedrigen wollten sie mich auch noch, mir zeigen, wer hier der Gewinner, der Herr im Hause war. Jeder Anwesende im Saal verstand es und viele kamen neugierig an meinen Tisch. Hier wurde ein Hochspieler geschlachtet und alle wollten sie teilhaben an seinem Unglück, an dem Verderben, was einige von ihnen bereits selbst erlitten hatten.

Warum sollte es da dem Schmidt-Luxemburg besser gehen. Hatte ich nicht mit meinen Einsätzen, zeitweilig bis zu 10.000 Mark bei einem Drei-Minuten-Spiel, geprahlt? Hatte ich nicht geglaubt, ich sei der Größte? Ich Dummkopf, wie die Geschäftsführung mich umsorgt und verhätschelt hatte. Mit Einladungen zu Formel-1-Rennen und Boxeuropameisterschaften – und alles umsonst. Freier Eintritt zu Bundesligaspielen in der Ehrenloge, Essenseinladungen mit dem Spielbankdirektor und vieles mehr.

Jetzt, lieber Schmidt, kam die Abrechnung. Jetzt musste ich es ihnen bezahlen, doppelt und dreifach. Sie wussten, dass ich pleite war, nun mussten sie keine Rücksicht mehr auf meine Sonderwünsche und Privilegien nehmen. Jetzt zahlten sie es mir heim.

Noch nicht einmal das Geld für die Weihnachtsgeschenke würden sie mir lassen. Sie würden mich fertigmachen, so wie sie es mit allen machten, das war ihr Geschäftsprinzip. Nur so konnten sie existieren. Ich hatte es nie wahrhaben wollen. Ich war in ihren Augen nichts Besonderes. Einzig die Höhe meines Vermögens, welches sie jetzt in ihren Panzerschränken hatten, unterschied mich von den anderen Besuchern.

Aber das war ja jetzt auch vorbei. Schmidt war jetzt fertig. Ich wusste es nur noch nicht. Das war ich, diese um Jahre gealterte, angstverzerrte Fratze mit schweißverklebten Haaren und wirrem Blick.

„23 – es ist nichts auf der Nummer."

Das war jetzt wieder der Croupier. Klang da nicht Triumph in seiner Stimme, wohl wissend, dass ich diese Zahl nicht gesetzt hatte? Aber er durfte doch nicht triumphieren, wenn ich verlor, ich war doch Schmidt-Luxemburg, der Ehrengast des Hauses. Außerdem war es doch gegen seine Interessen, denn wenn ich verlor, dann gab es doch kein Trinkgeld. Er, wie alle anderen Kollegen von ihm, bekam doch ihr Gehalt aus den Trinkgeldern der Spieler ausgezahlt. Und ich hatte immer besonders viel Trinkgeld gegeben, – erinnerte er sich nicht mehr daran? Er musste mir doch wünschen, dass ich gewann.

Ich verstand das alles nicht mehr. Wo waren die Saalchefs heute? Sonst hatten sie mich immer nach meinem Befinden und dem Wohl meiner Kinder befragt. Heute war niemand da, der etwas von mir wissen wollte. Niemand schien es zu interessieren, wie es mir oder den Söhnen ging? Die Gitarre! Ich musste zumindest das Geld für die Gitarre übrig behalten. Fünfhundert Mark. Läppische fünfhundert Deutsche Mark.

Es war der letzte 500er, den ich noch hatte. Die letzten, allerletzten fünfhundert Mark von über fünf Millionen!

Der tatsächlich letzte Jeton, den ich in meinen verschwitzten

Fingern drehte und wendete. Sollte ich oder sollte ich nicht? Noch hatte ich die Gitarre in der Hand oder vielleicht in einer Stunde wieder ein kleines Vermögen von dreißig- bis vierzigtausend Mark. Damit könnte ich dann nicht nur die Gitarre kaufen, sondern auch meinem anderen Sohn die Mietschulden bezahlen. Die waren durch mich entstanden, weil ich das von ihm geliehene Geld verspielt und nicht zurückgegeben hatte.

Ich brauchte letztendlich mehr als nur die fünfhundert Mark! Also musste ich weiterspielen – oder nicht? Was war aber, wenn ich den letzten Einsatz auch noch verlor?

Andererseits, einmal musste doch das Glück zurückkommen. Sollte ich oder sollte ich nicht? Noch war Zeit. Blieb mir denn eine Wahl? Meine Gedanken drehten sich im Kreise. Immer wieder dasselbe. Ich brauchte die Miete für den Großen, sonst würde er seine Wohnung verlieren. Das war noch wichtiger als die Gitarre. Für mich würde ich von dem Gewinn nichts nehmen.

Ich brauchte keine Miete zu zahlen. Freunde ließen mich kostenlos bei sich wohnen. Das war eine sehr großzügige Unterstützung, für die ich auch sehr dankbar war.

Wenn die wüssten, dass ich mit den letzten 20.000 Mark in das Casino gegangen war, würden die mich rausschmeißen, – mit Recht konnte ich da nur sagen. Aber noch war ich nicht pleite, noch hatte ich diesen 500er Jeton in meinen Fingern. Der würde mir Glück bringen, davon war ich jetzt überzeugt.

Der Croupier hatte noch immer nicht abgesagt. Es konnte also noch gesetzt werden. Aber auf welche Zahl sollte ich setzen? Wieder war es da, das Grübeln und Martern des Kopfes, welche Zahl, welche Zahl, welche Zahl?

Ich hatte nur noch diese Chance, es war die letzte Chance heute und für immer! Wenn ich diesmal mit der Zahl danebenlag, war alles aus, aus und vorbei. Für immer und den Rest des Lebens. Vielleicht würde ich meine Kinder nie mehr wiedersehen. Das konnte Gott nicht zulassen.

Ein so schlechter Mensch war ich nicht, dass er das zulassen würde. Hatte ich nicht Zigtausende von Mark für die Opfer der Oderflut gespendet? Einem polnischen Kind hatte ich anonym 5.000 Mark für eine lebenserhaltende Operation überwiesen, 10.000 Mark der Seemannsmission zur Renovierung des Seemannsheims gestiftet.

Und ich selbst würde obdachlos, wenn ich bei meiner allerletzten Chance nicht gewann! Das konnte Gott doch nicht zulassen. Das hatte ich nicht verdient!

Aber was jammerte ich da? Wahrscheinlich gab es gar keinen Gott. Ich sah ihn nicht und er half mir auch nicht. An seine Existenz in diesem Moment zu glauben, fiel mir schwer. Da hatte ich beim „Teufel" schon weniger Zweifel. Der war anwesend. Das spürte und sah ich an meinem Tun.

Die 17 – ich würde die 17 nehmen. Das war die Zahl. Die Zahl für das letzte Spiel in meinem Leben. Damit würde ich 17.500 Mark gewinnen und sofort aufhören zu spielen, das versprach ich Gott. Sofort nach Auszahlung meines Gewinnes würde ich die Spielbank verlassen und nie mehr spielen, auf jeden Fall heute nicht mehr.

Langsam, wie in Zeitlupe, schob ich den Jeton auf die 17, ich wollte den Jeton selbst setzen, der Croupier durfte ihn vorher nicht mehr berühren, das würde Pech bringen. Nun lag er da, der Plastikjeton mit dem Wert „500", auf der Zahl, die mein Leben so oft begleitet hatte, der 17, die mein Schicksal entscheiden würde, jetzt und für die Zukunft!

Eine Entscheidung, die in der nächsten Minute fallen würde. Sie musste kommen, meine Zahl. Es war die allerletzte Chance, eine zweite würde es nicht mehr geben, definitiv nicht! Das stand fest. Jetzt oder nie, ich schwankte zwischen Hoffnung und Mutlosigkeit. Die Entscheidung zwischen 17.500 und null Mark. Der Croupier nahm die Elfenbeinkugel in die Hand und setzte mit leichtem Schwung den schweren Roulettekessel in Bewegung. Meine Augen brannten vom starren Hinsehen, mein Hals war trocken und mir wurde übel. Der Puls raste und Hammerschläge pochten in meinem Kopf.

Meine Wahrnehmung war nur noch auf diesen Bereich des Roulettetisches beschränkt. Alles andere interessierte mich nicht mehr. Die attraktivste Frau der Welt hätte mich in diesem Zustand nicht begeistern können. Da, jetzt hatte der Croupier die Kugel in den Kessel geschnippt. Ssssst, ihr hoher, singender Ton war nicht zu überhören, während sie sich im oberen Kesselrand gleichmäßig drehte. Die 17! Sie musste kommen. Hatte ich Zweifel? Noch konnte ich meinen Jeton auf eine andere Zahl verschieben, der Croupier hatte noch nicht abgesagt.

Noch war es erlaubt. Erst nach der Ansage: „Nichts geht mehr" – auf Französisch: „Rien ne va plus" – durften an den Einsätzen auf dem Filztuch keine Änderungen mehr vorgenommen werden. Dies galt für die Spieler, aber auch für die Croupiers. Das war dann der Zeitpunkt, wo nur noch die Kugel zu entscheiden hatte. Über Gewinn und Verlust, über große Freuden oder Ruin. Was wäre, wenn die 17 nicht käme? Vielleicht war das ja gar keine gute Zahl, keine gute Idee, das letzte Geld auf die 17 zu setzen? So oft und beharrlich hatte ich in den letzten Monaten auf diese Zahl gesetzt und nie war sie gekommen, wenn ich sie brauchte.

Aber welche Alternative hatte ich? Es gab einige Zahlen, die heute schon lange nicht mehr gefallen waren und einen Nachholbedarf zeigten, zumindest sagte das die Statistik. Welche aber sollte ich davon auswählen? Die 13 vielleicht? Die angebliche verhexte, verflixte Dreizehn? Ich war nicht abergläubisch, also weg damit. Nein, die war es nicht, da war ich mir sicher.

Die 3 weglassen, dann blieb die 10, der Geburtsmonat meiner Großmutter. Sie hatte mich großgezogen und viel für mich getan. Wenn wir auch wenig zu essen und nie Geld hatten und ich den abgewetzten Tornister des Nachbarjungen auftragen musste, war sie mir doch eine gute Großmutter. Sie war es, die mir jetzt helfen würde. Sie hatte sich mir in Erinnerung gebracht, um mir die richtige Zahl zu weisen. Die 10, ich musste die 10 setzen!

„Nichts geht mehr", riss mich die Stimme des Croupiers aus meinen Überlegungen.

„Halt, halt, warten Sie, setzen Sie meinen Einsatz von der 17 auf die 10 – bitte, auf die 10, nicht die 17", wiederholte ich mich, dem Croupier zugewandt.

„Chef", sprach der Drehcroupier zu der Tischaufsicht, welche auf einem erhöhten Stuhl saß und somit alles überblicken und kontrollieren konnte, „der Herr möchte seinen 500er Jeton von der 17 auf die 10 verschoben haben, geht das noch?" Hoffnungsvoll wartete ich auf die Entscheidung.

„Ja, ausnahmsweise machen wir das mal, derangieren sie den 500er Jeton des Herrn von der 17 auf die 10." „Das Stück spielt die 10!", hörte ich den Tischchef laut ausrufen.

Gott sei Dank. Das war aber in allerletzter Minute. Nicht auszudenken, wenn der Tischchef die Änderung nicht mehr angenommen hätte. Mit einem Kopfnicken bedankte ich mich bei ihm, er lächelte freundlich zurück.

Währenddessen drehte die Kugel immer noch ihre Bahnen, gerade so, als ob die vorangegangene Hektik sie nichts angehen würde. Dabei drehte sich doch alles nur um sie, so wie sie sich jetzt selbst drehte, wie von einem unsichtbaren Magneten am oberen Kesselrand gehalten. Na, die machte es aber spannend. So ausdauernd hatte ich noch keine Kugel ihre Runden drehen sehen.

Irgendwann würde sie ja runter, in eines der Zahlenfächer fallen müssen. In meine 10 und nirgends sonst hin. Mein Schicksal hing nun von dieser kleinen Elfenbeinkugel ab.

Da, das Geräusch hatte sich verändert. Ein leises Rumpeln war zu hören, sie war gegen eine Rhombe gestoßen. Das waren Hindernisse im Kesselrand, um den Lauf der Kugel zu beeinflussen, damit das Ergebnis, in welches Fach die Kugel wahrscheinlich fiele, nicht vorhersehbar war. Mittlerweile ging das Rumpeln in ein Klickern über, das untrügliche Zeichen, dass die Kugel in den unteren Kesselbereich gefallen war und dort über die Stege der Zahlenfächer „stolperte". Aber immer noch war sie in kein Fach gefallen, jonglierte über den inneren Metallring und drehte weiter die Runde.

Das gab es doch nicht, das hatte ich noch nie gesehen. Die Umstehenden raunten bereits ob dieser ungewöhnlichen Vorgänge. Nun fall doch endlich rein, verdammt noch mal. In die 10 sollst du fallen, du dumme Kugel, fluchte ich innerlich.

Oh Gott, jetzt rollte sie aus, wurde langsamer, in die Nähe meiner Zahl, der 10! Meine Gedanken rasten: Ja, gut so, noch eine halbe Runde, dann bist du genau bei meinem Fach. Ich hab's gewusst. Gut, dass ich noch im letzten Augenblick gewechselt habe. Liebe, gute Oma im Himmel, ich danke dir für deine Eingabe. Du hast mir im allerletzten Augenblick geholfen –

die Kugel würde in die 10 fallen, ich sah es. Alles würde sich zum Guten wenden.

17!

Was, was war? Was hatte der Croupier gesagt? Die Zahlenfächer drehten sich langsam und waren im Moment meinem Blickwinkel entzogen. Was hatte der Croupier gerufen?

17, er hat 17 gesagt!

Das konnte nicht sein, das war sicherlich der Croupier vom Nebentisch, dort war die 17 gefallen. Hier war doch die 10 gekommen, meine 10! Ich hatte mich bestimmt verhört. Das konnte einfach nicht sein. Ich sprang von meinem Stuhl hoch und sah auf den Kessel, wo war die Elfenbeinkugel?

Jetzt sah ich sie.

Sie lag im Fach der 17!

17, 17, 17. Nicht die 10! Sie lag in der 17, in der Zahl, die ich wenige Augenblicke vorher noch geändert hatte. Das konnte doch nicht sein. Ich hatte es doch mit eigenen Augen gesehen. Sie lag doch schon so gut wie in der 10, wieso lag sie jetzt auf einmal in der 17?

Welches Teufelsspiel trieb diese kleine unscheinbare Elfenbeinkugel mit mir? Warum gerade mit mir? Hatte ich ihr nicht schon genug Opfer gebracht? Wollte sie mich zerstören?

Ich sank in meinen Stuhl. Mir wurde schwindelig, alles drehte sich immer schneller. Meine Gedanken flohen hin und her, sodass ich sie nicht fassen konnte. War ich überhaupt noch fähig für einen klaren Gedanken?

Wie aus weiter Ferne hörte ich das bestürzte Gemurmel der Umstehenden und den Croupier:

„Das war Pech, der Herr, hätten sie den Jeton auf der 17 belassen, könnte ich ihnen jetzt 17.500 Mark auszahlen.“

Und damit sprach er aus, was ich natürlich wusste, was alle Anwesenden hier im Saale wussten.

Viele hatten es mitbekommen und einige schauten mich mitleidig an. Aus, aus und vorbei. Alles war aus. Nicht nur für heute. Aus für immer. Ich war fertig, ich war ruiniert – vom mehrfachen Millionär zum Mittellosen.

Ich besaß kein Geld mehr. Kein Geld zum Spielen, kein Geld für die Miete, kein Geld für Essen, kein Geld für meinen Sohn Raoul und kein Geld für Patrics Gitarre. Ich stand vor dem Nichts.

Fort, nur fort von hier. Weg von der Stätte meiner Hinrichtung, meines Ruins, meines Lebensendes. Alle starrten sie mich an. Was wollen die von mir? Hatte ich ihnen etwas getan? Ich musste diesen Ort sofort verlassen. Irgendwohin – keine Sekunde länger bleiben.

Beim Aufstehen riss ich den Stuhl um. Wieder sahen mich alle an. Ich war erledigt, am Ende. Und sie wussten es, sie konnten es mir ansehen. Alle Anwesenden wussten es. Mich sahen sie heute zum letzten Mal. Auch das war ihnen klar. Vielleicht würden sie irgendwann einmal in einer kleinen Zeitungsnotiz von mir lesen. Mehr war nicht zu erwarten, wenn überhaupt.

Den Kopf gesenkt, so wankte ich dem Treppenhaus entgegen, der Saal schien mir endlos groß und immer wieder diese Blicke. Die Anspannung des Spiels war gewichen und es war nur noch Müdigkeit. Eine große, nicht zu beschreibende Müdigkeit erfasste mich, während ich mit schwachem Druck die Drehtür in Bewegung setzte. Nur fort von hier, der Stätte des Grauens.

„Auf Wiedersehen, Herr Schmidt“, hörte ich den Rezeptionisten mir nachrufen.

Klang es nicht ein wenig höhnisch? Er musste doch wissen, wie es um mich stand! War er so unsensibel, dieser Mensch, der auch, wie viele andere, gut von meinem Geld gelebt hatte?

Und wo war mein Freund, der Direktor? Feierte er gerade einen banalen Anlass, während sein bester Gast, so zumindest bezeichnete er mich gegenüber Dritten, sich ruiniert hatte? Wo waren die Saalchefs, die mich hofiert hatten und mir jeden Wunsch von den Lippen ablasen? Die mich einluden und nach dem Befinden meiner Söhne fragten?

Ob sie mich jemals wieder zu Hause anriefen, um mir mitzuteilen, dass man mich in der Spielbank Bremen vermisse? Wo war er jetzt, der Direktor, jetzt, wo sein Freund Schmidt dringend Beistand und Hilfe gebraucht hätte? Ob er mich noch immer dem Wirtschaftssenator vorstellen würde, so wie er es beim Bremer Renntag einst geplant hatte? War nichts mehr geblieben von den Events und gemeinsamen Essen, auch mit seiner charmanten Frau?

Keine Spur mehr davon, wie er mein Reisemobil morgens um sechs Uhr auf dem Unicampingplatz besichtigte, um die Abmessungen zu notieren? Ich sollte nämlich direkt auf dem Casinoparkplatz einen Stellplatz mit Wasser und Stromanschluss bekommen, damit, wie er sich ausdrückte, ich es „näher zum Glück" habe?

An all dieses erinnerte ich mich, während ich durch die Drehtür am Ausgang ging. Luft, ich brauchte Luft zum Atmen, sonst würde ich ersticken. Panik ergriff mich. Mein Kopf, mein Verstand, warum konnte ich keinen klaren Gedanken mehr fassen? Ich fühlte mich in die Enge getrieben. Aber von wem, es war doch niemand da?

Ich hatte keine Mark mehr in der Tasche, kein Pfennig war mir von fünf Millionen geblieben! Was sollte nun werden? Was konnte ich den Kindern sagen? Wie sollte es weitergehen? Guter Gott im Himmel, was hatte ich nur angerichtet? Was war mit mir geschehen? Wohin gehen? Erst einmal weg von hier. Weg, nur weg. Schnell weg.

Fast hätte ich ihn umgerannt, so nah stand er an der Eingangstür, unter den Arkaden. Ein blonder Mann, vielleicht Ende dreißig mit einer umgehängten Gitarre, – ein Bänkelsänger. Der fehlte mir jetzt auch noch, ausgerechnet jetzt, wo ich nicht wirklich unter den Lebenden weilte.

Wie ein Clochard sah er zwar nicht aus, aber dass er Geld brauchen konnte, war anzunehmen. Er hielt inne mit seinem Gesang und sah mich mit fröhlichen Augen erwartungsvoll an. Doch da hatte er bei mir Pech. Trotzdem kramte ich in meinen Taschen – er sollte zumindest meinen guten Willen sehen.

Ausweis, Fahrkarte, Ehrenkarte der Spielbank und … ein Fünfzig-Mark-Schein. Wo kam der denn noch her? In den Papiertaschentüchern versteckt! Ein Wink des Schicksals? Sollte ich zurück in die Spielbank gehen, gab es doch noch eine Chance? Vielleicht die allerletzte in meinem Leben?

Der Bänkelsänger schien meine Gedanken zu erraten und blickte begierig auf den Schein. Ich zögerte. Wenn es ein Wink des Schicksal sein sollte, dann sicherlich nicht für mich, ich hatte jeden Glauben an das Spielglück verloren. Also war der Wink auf ihn gemünzt? Fünfzig Mark konnten viel Geld sein, für mich war es nichts – für ihn bestimmt sehr viel. Ich gab ihm den Schein und drehte mich wortlos weg.

„Danke, Alter, echt cool, hast wohl heute eine Glückssträhne gehabt", hörte ich ihn im Davongehen noch rufen, und dann sang er mit Inbrunst das unterbrochene Lied weiter:

„It's all over now, baby blue …"

Hinter Gittern

„Herr Schmidt, wir verhaften Sie wegen des Verdachtes auf Steuerhinterziehung." Dieser Satz hatte mir zwei Jahre später den Einzug in eine „Wohnanlage" von Bremen-Oslebshausen beschert. Meine Unschuldsbeteuerungen prallten bei dem Untersuchungsrichter ab, und so war ich gezwungen, nicht nur meine Essensgewohnheiten umzustellen.

Bereits nach einer Woche in dieser Anstalt machten mir gesundheitliche Probleme zu schaffen und verlangten einen Umzug in die Anstaltsklinik.

Achtundfünfzig Stunden war ich nun schon mit diesen Menschen in einem Raum zusammen. In einem Krankenzimmer der Gefängnisklinik, und keine Minute länger wollte ich bleiben. Das heißt, der Kleine, ein polnischer Roma, machte keine Probleme, der war friedlich. Obwohl er Tag und Nacht auf der Gitarre spielen wollte. Wegen der Sehnsucht nach seiner Familie, so sagte er. Denn nur so könne er das Getrenntsein von ihnen ertragen. Seine Fähigkeiten am Instrument waren, im Gegensatz zur Stimmlage, jedoch begrenzt.

Auch der Zweite von den dreien war nicht der Anlass meiner Abneigung. Sein ausgemergelter Körper, vermutlich eine Immunschwäche, verlangte die tägliche Einnahme von 15 Tabletten. Er machte mir wenig Sorgen, obwohl er sehr unhöflich und nur schwer zu ertragen war. Der Dritte von ihnen war der Freundlichste von allen. Ein pechschwarzer Afrikaner aus Gambia. Knapp zwei Meter groß und von durchtrainierter Gestalt. Dass er leicht nach vorn gebeugt ging, lag an seiner Bauchverletzung.

Fast ein Jahr war er bereits in Haft und niemand wusste so richtig warum. Am ersten Tag, als ich zu den dreien in das

Krankenzimmer eingeliefert wurde, war es der Gambier, der mich freundlich begrüßte. Er erzählte mir, während ich mein Bett bezog, von seiner Familie und seinem Kind. Dabei schaute er so unsagbar traurig aus, dass ich befürchtete, dieser große, kräftige Kerl würde gleich anfangen zu weinen. Auch sprach er viel über Gott – er schien ein gläubiger Mensch zu sein.

An einem Mittwoch, der dritte Tag meines Aufenthaltes im Gefängnislazarett, saß ich in der Mitte des Raumes am Tisch und schälte mit dem Messer eine Apfelsine. Der Kranke mit der Immunschwäche schlief, und der Pole war von einem Beamten zur wöchentlichen Arztvisite gebracht worden.

„Es war keine Milch da, habe ich Wasser genommen", sprach der Gambier unvermittelt, mehr zu sich selbst als zu mir, obwohl ich ihm direkt gegenübersaß. „Was für Wasser und wozu?", fragte ich ihn mäßig interessiert. „Vor die Tür hab' Wasser vor Tür geschüttet", und dabei war sein Blick in weite Ferne gerichtet, bis in seine Heimat in Afrika, tausende Kilometer entfernt, so schien es mir. Er war gar nicht richtig da, während er sprach.

Er war das also gewesen. Heute Morgen hatte die Krankenschwester sich über eine Wasserlache vor der Zellentür gewundert. Niemand hatte eine Erklärung für das Wasser und jetzt war es klar, unser Afrikaner hatte es verschüttet. Aber warum nur? „Damit alter Mann mit Bart nicht rein kann. Er sagt immer zu mir, ich soll mit Messer stechen."

Bei diesen Worten war ich dann doch hellhörig geworden und fragte nach: „Wer ist dieser alte Mann?" „Er kommt immer nachts, wenn ich schlafe und dann muss ich Messer nehmen und stechen!", radebrechte er. „Einmal habe ich meine Arme gestochen und Beamte mich gerettet."

Jetzt war mir klar, warum seine beiden Unterarme am Gelenk bei den Arterien verbunden waren. Er hatte sich das Leben nehmen wollen. „Alte Mann mit mir geschimpft, weil ich nicht tot, dann habe ich noch mal versucht. Mit Messer in Bauch.“ Dabei zog er das Anstaltshemd in die Höhe und ich sah ein Pflaster quer über seinem Oberbauch, mit Schläuchen als Drainage versehen.

Jetzt wurde mir doch etwas mulmig zumute. „Habe gestochen, wie alte Mann gesagt, aber lebe noch, jetzt alte Mann böse auf mich und sagt, muss weiter mit Messer stechen“, hörte ich seine leise monotone Stimme. „Alles kaputt gestochen, aber Doktor wieder heile gemacht. Alter Mann kommt in Nacht in Zimmer und ist böse auf mich. Aber wenn Milch vor Tür, er kann nicht reinkommen.“

Verdammt, was redete der da? Hatte sich die Pulsadern aufgeschnitten, und als das nicht ausreichte, ein paar Tage später ein Messer in den eigenen Leib gerammt. Gott im Himmel, wie verzweifelt musste ein Mensch sein, wenn er sich so etwas antun konnte.

Oder war das gar ein „Irrer“, der mit mir in einem Raum lebte. Ich merkte seine wachsende Anspannung während seiner Erzählungen und nahm unwillkürlich das Messer vom Orangeschälen fester in die Hand. Gute Güte, wohin war ich hier nur geraten?

„Dann ist es ja gut, wenn er nicht über das Wasser springen kann, der alte Mann“, sagte ich zu ihm, um dabei gleichzeitig aufzustehen. Seine Nähe war mir doch unheimlich geworden.

„Du bist guter Mensch, du bist Freund. Letzte Nacht ich war an Bett von dir – du hast gut geschlafen, keine Angst musst du haben.“

„Was willst du an meinem Bett, wenn ich schlafe!“, schrie ich ihn an und erschrak über meinen Zornesausbruch.

„Du guter Mensch, ich passe auf, dass alte Mann nicht kommt zu dir“, entgegnete er in seinem monotonen Singsang.

Ich musste schlucken, da hatte dieser Riese sich selbst verstümmelt und faselte dauernd von einem alten Mann, der ihm den Auftrag dazu erteilt haben sollte.

Und der stand nachts an meinem Bett, während ich schlief und nichts davon mitbekam! Womöglich mit einem Messer in der Hand? Allein der Gedanke daran versetzte mich in Angst und Schrecken und beunruhigte mich dermaßen, dass ich beschloss, dem Arzt davon zu erzählen. Sofort wollte ich in eine Einzelzelle, keine Nacht würde ich mehr mit dem Irren in einem Raum verbringen wollen. Und den hatte ich für den Friedfertigsten von den dreien gehalten!

Täglich 23 Stunden in einem Raum eingesperrt, mit einem Tag und Nacht Gitarre spielenden Polen, einem Aidskranken und einem suizidgefährdeten 2-Meter-Afrikaner. Vielen Dank, das war zu viel. Nicht nur, dass die Zellentüren permanent abgeschlossen waren, selbst bei Betätigung des Notrufknopfes würde es eine Weile dauern, bis der Beamte kam, um nachzusehen. Dann konnte es schon zu spät sein.

In diese Überlegung und in die angespannte Ruhe hinein klickte das Zellenschloss und ein Beamter trat ein und forderte mürrisch:

„Der Nächste zur Arztvisite.“

Sofort, obwohl ich noch nicht dran war, stürzte ich auf den Beamten zu, der mich sogleich in die erste Etage zum Anstaltsarzt brachte. Ein freundlich wirkender Psychologe saß zur Linken des Doktors und betrachtete mich mit unverhohlener Neugier, während ich von dem soeben Vorgefallenen berichtete.

„Wir haben keine Einzelzelle frei, Herr Schmidt, sie müssen vorerst noch in der 4-Mann-Krankenzelle verbleiben“, eröffnete mir der Arzt.

„Nein, Herr Doktor, da weigere ich mich. Auf keinen Fall bleibe ich eine weitere Nacht mit dem Afrikaner im selben Raum. Dann möchte ich wieder in die Untersuchungshaft zurückverlegt werden!“, wurde ich laut und heftig.

„Regen sie sich nicht auf, Herr Schmidt, es wird immer viel erzählt von Gefangenen. Das dürfen sie nicht alles für bare Münze nehmen“, versuchte er mich zu beschwichtigen.

„Und was ist mit der Bauchverletzung und den anderen Verletzungen des Mannes“, wollte ich vom Doktor wissen.

„Alles halb so schlimm, Suizidgefährdete legen niemals Hand an Fremde“, wollte er mich beruhigen.

„Darauf will ich mich nicht verlassen, tut mir leid. Ich bestehe darauf, in meine alte Einzelzelle zurückverlegt zu werden!“

Der Gesichtsausdruck des Psychologen schien Zustimmung für mein Anliegen zu signalisieren.

„Wie sie wollen, Herr Schmidt. Ich lasse sie gleich von einem Beamten abholen, packen sie derweil ihre Sachen zusammen“, wandte sich der Arzt mir zu.

Und so kam es, dass ich, obwohl mit Verdacht auf Herzinfarkt eingeliefert, das Lazarett bereits am dritten Tag wieder verlassen durfte.

Nun war ich also wieder „zu Hause“ in meiner alten Zelle im Flur 11 des Untersuchungshaftgefängnisses. Sogleich fiel die Anspannung von mir ab und ich ertappte mich bei dem Gedanken, dass ich mich hier wieder wohlfühlen würde. Auch wenn es ein Gefängnis war, so war es allemal eine Alternative zum Lazarett mit den, ich will mal sagen, etwas ungewöhnlichen Personen dort. Müde und erschöpft legte ich mich, es war grade kurz nach neun, auf meine Schlafpritsche.

Was war das? Träumte ich oder war es Realität, dass ich ein Geräusch gehört hatte? Es war kein besonders lautes Geräusch, das mich aus dem Schlaf geweckt hatte.

Gedanken schossen mir durch den Kopf: War es ein Einbrecher? Schmidt, du Dummkopf, du sitzt im Gefängnis, wer soll, wer will da einbrechen? Ausbrechen, ja, das ergibt einen Sinn, aber einbrechen in ein Gefängnis? Welch ein törichter Gedanke. Aber wochenlang eingesperrt, da wird man schon wunderlich. Außerdem warum dann gerade bei mir? Fast 800 Inhaftierte – und ausgerechnet bei Schmidt wird eingebrochen!

Ich drehte vorsichtig meinen Arm und sah auf die Uhr, die ich von einem Lazarettbewohner gestern geschenkt bekommen hatte. Kurz nach 23 Uhr. Also knapp 2 Stunden hatte ich erst geschlafen.

Da, schon wieder war es zu hören, schabend, knisternd, aber einfach nicht definierbar. Mein Fenster stand wegen der sommerlichen Hitze weit auf und irgendjemand machte sich daran zu schaffen, das war klar. Verdammter Mist, so langsam wurde mir aber doch mulmig. Die Gitterstäbe vor dem Fenster waren doch aus daumendickem Stahl, da wird doch keiner durchkommen können, oder? Und wenn doch? Dann stünde es vielleicht übermorgen in der Zeitung: „Häftling in seiner Zelle ermordet. Täter kam durch vergittertes Fenster." Das war absurd.

Angestrengt versuchte ich, in dem Dämmerlicht etwas am Fenster zu erkennen. Wo zum Teufel war meine Brille?

Halt, jetzt hatte ich einen Schatten gesehen. Links unten am Fensterrahmen, da hatte sich etwas bewegt. Da war ich mir nun ganz sicher. Da, schon wieder – und jetzt sah ich sie. Sie musste mich auch bemerkt haben. Mitbekommen haben, wie ich mich vorsichtig auf meiner Lagerstatt bewegt hatte. Sie hatte mich gesehen, das war nun klar.

Eine halbe Körperdrehung, den Arm ausgestreckt und den Lichtschalter umgelegt. Und dann sah ich sie an meinem Fenster: eine Taube. Eine Taube, die mich zu Tode erschreckt hatte. Schneeweißes Gefieder mit schwarz gescheckten Flügelfedern. Aufgeregt ging ihr Kopf hin und her, denn nun war auch sie irritiert. Jetzt konnte ich auch den Grund für die unerklärlichen Geräusche ausmachen. Ein Zellennachbar musste aus der oberen Etage eine Plastikverpackung runter auf meine Fensterbank geworfen haben. Damit hatte die Taube also die Geräusche verursacht.

Es war eine junge Taube, das war am Schnabel leicht zu erkennen. Sie hatte nicht zu ihrem Nest zurückgefunden und es sich bei der einbrechenden Dunkelheit in meiner Fensternische bequem machen wollen. Dabei war ihr wohl ein ums andere Mal die Plastikverpackung im Weg gewesen. Na, da fiel mir aber ein Stein vom Herzen.

Sie hatte meine Freundschaft gewonnen und durfte über Nacht bleiben. Mein Onkel Karlheinz, bei dem ich aufgewachsen war, war Taubenexperte und wir hatten nie weniger als fünf Dutzend von ihnen in unserem Taubenschlag. Daher kannte ich diese gurrenden Vögel nur zu gut und war mit ihren Verhaltensweisen bestens vertraut. So gut ich Tauben leiden konnte, fand ich sie doch ein bisschen ungeschickt, wenn sie sich von den Spatzen das Futter vor dem Schnabel wegpicken ließen.

Wichtig für sie war, dass ich ihr nichts zuleide tat. Meine Gedanken konnten ihr doch egal sein. Ich war ein Tierfreund und setzte selbst die Spinnen aus meiner Zelle behutsam in die

Freiheit. Niemand durfte seiner Freiheit beraubt werden, das war meine feste Überzeugung.

Ein Lebewesen ohne Freiheit ist ein Wesen ohne Leben. Das galt auch für meine Taube, die wie ein dickes Wollknäuel in meinem Fensterrahmen saß. Ihre Silhouette konnte ich trotz der Dunkelheit gegen das Mondlicht erkennen.

„Streichle sie ruhig mal, die ist ganz zahm", hörte ich meinen Onkel damals zu mir sagen und dabei hielt er mir eine Taube hin, die er in der rechten Hand hielt. Tatsächlich, sie schien nicht die geringste Angst zu haben.

Das konnte ich verstehen, denn mein Onkel war ein lieber Onkel, er kam aus Ostpreußen und war eigentlich mein Lieblingsonkel. Der tat niemandem etwas zuleide. Nur im Krieg hatte er ein paar Russen erschossen, aber das musste er, weil man es von ihm verlangt hatte. Das war nun mal so im Krieg, dass Menschen erschossen wurden. Sonst hätte der Krieg ja keinen Sinn, denn dann bräuchte man ja keinen, wenn niemand erschossen wird. Außerdem waren die Russen sehr gefährlich, hat mein Onkel gesagt, die wollten unsere Frauen verschleppen. Und da war es besser, wenn mein Onkel sie vorher umbringt. So hatte er es mir erklärt und das verstand ich auch und darum hatte ich auch großes Vertrauen in sein Handeln.

Dunkelblau war sie, die Taube, die er noch immer in seiner großen Hand hielt und mir entgegenstreckte.

„Halte sie mal am Schnabel, der ist ganz weich", forderte er mich auf.

Vorsichtig nahm ich den kleinen Taubenschnabel zwischen Daumen und Zeigefinger.

„Zieh mal etwas, das tut ihr nicht weh", hörte ich meinen Onkel flüstern.

Ich tat, wie er sagte, und die bernsteinfarbenen Taubenäuglein schauten mich vertrauensvoll an. Tatsächlich, die Taube zeigte in der Hand meines Onkels nicht die Spur einer Aufregung. Sie hatte genau wie ich, größtes Vertrauen zu ihm.

Da machte mein Onkel urplötzlich eine schnelle Armbewegung und etwas spritzte mir ins Gesicht. Es waren nur ein paar Spritzer, aber sie waren überraschenderweise rot. Wieso rot?

Ich sah auf die Taube in meiner Hand. Die kleinen Augen flackerten wild hin und her. Warum war sie so aufgeregt? Ging es ihr nicht gut? Ungläubig starrte ich auf meine Hand. Ich hatte den Schnabel mitsamt dem Kopf zwischen den Fingern, aber es war keine Taube mehr an dem Kopf!

Der Rest fehlte! Ich hielt nur noch den Kopf. Den restlichen, wild zuckenden Teil des Tieres hielt Onkel Karlheinz in seiner linken Hand. Das Blut spritzte im Rhythmus des Herzschlages aus dem Tier. Die Augenlider bewegten sich im wilden, unkontrollierten Rhythmus auf und zu. Das schöne Gefieder war grau und blutgetränkt. Und jetzt sah ich es, das Beil in seiner anderen Hand, welches er mit einem kräftigen Ruck aus dem Holzhackeklotz zog, neben dem wir, von mir unbemerkt, die ganze Zeit gestanden hatten. Mit Entsetzen ließ ich den Kopf der Taube fallen und lief schreiend davon.

„Fidi, sei nicht albern, komm wieder her und hilf mir, es sind noch fünf Stück. Morgen ist Sonntag, da gibt es Taube mit Petersilienkartoffeln, die magst du bestimmt auch“, rief mir mein Onkel hinterher.

Tauben essen? Unsere Tauben in Petersiliensoße? Niemals! Ich mochte Tauben, da hatte mein Onkel schon recht, aber nur wenn sie auf dem Dach saßen und gurrten. Wenn sie im Schwarm über die Felder und unser Haus flogen. Wenn sie in unseren Apfelbäumen landeten, aber doch nicht im Schmortopf mit Soße!

Mein Onkel war ein Taubentöter. Das wurde mir jetzt klar. Gut, er hatte auch Russen getötet, aber das war etwas anderes, das wurde ihm ja befohlen! Für das Töten der Tauben aber gab es keinen Befehl, von niemandem, darum würde ich auch nie eine Entschuldigung akzeptieren. Er war ab sofort nicht mehr mein Lieblingsonkel, er war jetzt ein Mörder!

Und meine Tante, seine Frau, wusste das alles, nicht nur mit den Russen, nein, auch das mit den Tauben. Sie hatten es immer gemeinsam gemacht. Sie war nicht besser als ihr Mann. Wahrscheinlich hatte sie ihm auch geholfen, die Russen umzubringen.

An all dieses musste ich denken, während ich im Dunkel die Taube im Fensterrahmen meiner Zelle zu erspähen suchte. War sie noch da? Oder hatte sie meine schrecklichen Erinnerungen gespürt? War sie etwa gekommen, um mich daran zu erinnern? Dass ich ein Taubenmörder war. Und mussten nicht Mörder bestraft werden? Saß ich deswegen hier im Gefängnis?

War es denn meine Schuld, dass ich zum Taubenmörder geworden war? Hatte nicht mein Onkel mich dazu gezwungen, so wie man ihn gezwungen hatte, Russen zu erschießen? Und während ich an all dieses denken musste, übermannte mich der Schlaf und befreite mich von meinen Schuldgefühlen.

Höchstens eine Stunde oder waren es gar nur wenige Minuten gewesen, die ich geschlafen hatte, als ich aufschreckte. Wo war die Taube? Ja, sie war noch da. Ihre Umrisse zeichneten sich gegen den Mondhimmel ab. Aber so groß? So groß hatte ich sie nicht in Erinnerung, die kleine Taube.

Ich tastete im Dunkeln nach meiner Brille auf dem Hocker, der nahe meiner Pritsche stand. Nichts war zu erkennen. Und was zu erkennen war, war auch noch schwarz. Schwarz wie die

Nacht und schwarz wie der Gambier aus dem Lazarett, der mir, warum auch immer, in den Sinn kam. Der Mann, wegen dem ich wieder in meine alte Zelle gewollt hatte, weil er mir unheimlich geworden war. Warum kam er mir ausgerechnet jetzt in den Sinn? Was hatte das zu bedeuten?

Ein kalter Schauer lief mir über den Rücken. Jetzt kannte ich die Erklärung für meine Fragen!

Es war keine Taube, die auf meinem Fenstersims in dieser dunklen, schwarzen Nacht saß! Er war es – der Gambier. ER war die Taube. Er hatte die Gestalt dieser kleinen unscheinbaren, hilfsbedürftigen Taube angenommen. Nur so konnte er das vergitterte Krankenzimmer im Lazarett verlassen und zu meinem Fenster fliegen. Und nun saß er da auf meinem Fenstersims und beobachtete mich.

Er würde mich bestrafen. Dafür, dass ich aus dem Lazarett fort wollte, fort von ihm, vor dem ich Angst hatte. Zurück in die Sicherheit meiner Zelle, die mir nun keine Sicherheit mehr geben konnte, denn nun saß er da, als schwarze Taube oben auf meiner Fensterbank.

Der Alarmknopf! Ich musste den Alarmknopf drücken. Dann käme der Beamte und ich würde ihm alles erklären. Ich würde ihn zum Fenster führen und er würde mir bestätigen, dass es nur eine Taube war, die dort auf dem Sims saß, und nicht der Gambier. So wollte ich es machen, genau so. Eine gute Idee.

Stopp, weg mit der Hand von der Klingel!

Was war, wenn ER wegflöge? Dann hätte ich keinen Beweis für meine These und der Beamte würde mir nicht glauben. Womöglich dachte er, ich sei verrückt, und überwies mich nachts noch in das Hospital, womöglich noch zu IHM in die Zelle!

Dann würde ich mich durch meine hysterische Angst selbst ausliefern! Nein, das ging nicht. Das durfte ich nicht tun. Nicht den Knopf drücken, niemals. Egal, was auch noch passieren würde heute Nacht.

Saß er noch an der gleichen Stelle? Ich konnte es nur ahnen, es war alles schwarz. Auch die vorher weißen Flügel waren nicht mehr zu sehen. Mir fiel wieder die Geschichte ein, die er mir im Lazarett erzählt hatte. Von dem alten Mann mit dem Bart, der ihm befohlen hatte, „etwas zu tun", – wobei er zweifelsfrei an ein „Tun" mit einem Messer dachte. Und jetzt saß er hier, der Gambier, in Gestalt einer Friedenstaube auf meinem Fenstersims und würde mich beobachten. Jede Bewegung von mir, jeden Atemzug würde er wahrnehmen. Und ich wusste nicht, wann er „es" tun würde. Wie konnte ich da schlafen?

Du Narr, schalt ich mich, du halluzinierender Narr. Fürchtest dich vor einer kleinen Taube am Fenster. Einem Jungvogel, der Zuflucht gesucht hatte bei dir, vor der dunklen Nacht. Ich versuchte, mich zu beruhigen. Nein, Furcht empfand ich vor der Taube nicht, oder? Aber sie regte meine Fantasie zu sehr an und darum musste sie weg. Fort von meinem Fenster. Ihre Anwesenheit machte mich krank, krank im Kopf. Sie musste weg. Jetzt sofort musste sie weg!

Ich wollte laut in die Hände klatschen, das würde sie wecken und sie würde davonfliegen. Aber wo sollte sie hin? Im Gefängnishof streunten Katzen umher, junge Tauben können noch nicht gut fliegen. Sie wäre eine nur zu leichte Beute, zumal in der Dunkelheit. Nein, das wollte ich nicht. Sie durfte bleiben. Ich würde sie nicht verscheuchen. Andererseits irritierte es mich schon, wie sie da in der Fensternische kauerte. Dunkel hob sie sich gegen die jetzt wieder mondhelle Nacht ab.

So düster, dass ein Teil der Gitterstäbe nicht erkennbar und wie ausgesägt wirkte.

Nein, so konnte ich einfach nicht zur Ruhe kommen. An entspannten Schlaf war in dieser Situation nicht zu denken. In den Schrank würde ich sie sperren. Das war eine gute Idee. Und morgen früh gäbe ich ihr die Freiheit zurück.

Aber wieder kamen die Gedanken zurück, – es war der Gambier! Was würde er mit mir machen, wenn ich ihn als „Taube" in den kleinen Schrank einsperrte? Würde er sich zurückverwandeln und dann wieder vor meinem Bett stehen, während ich ahnungslos schlief, genau wie vor zwei Tagen im Lazarett?

Aber selbst diese fürchterlichen und schrecklichen Fantasien waren irgendwann nicht mehr stärker als das Schlafbedürfnis des Körpers. Und so geschah es mir, während dieser neuen, aufkommenden Ängste, dass ich in einen tiefen Schlaf fiel und erst nach Stunden aus diesem Albtraum erwachte.

Ja, es war ein Albtraum gewesen. Das konnte nur ein Albtraum gewesen sein, solche Verrücktheiten, die mich noch im Nachhinein zum Gruseln brachten. Angst, ja Todesangst vor einer Taube – was für ein Horrortraum in der Nacht! Fort mit den düsteren Träumereien der Nacht. Zum Teufel mit dem Gambier, zum Teufel mit allen Tauben der Welt und zum Teufel mit dem Traum.

Jetzt war es Tag, keine düstere, bedrohliche Nacht, keine Albträume mehr. Hell, mit strahlendem Sonnenschein, nahm er mir jede Schwermut, jede Bedrohung und Angst. Es war doch alles nur ein Traum gewesen. Die Vögel zwitscherten am strahlend blauen Himmel. Ich erhob mich von der Schlafstätte und zog gierig, an meinem Fenster stehend, mit tiefen Atemzügen den Sommer ein. Was für ein fantastisch schöner Sonnentag!

Und da sah ich sie, eingeklemmt im Fensterrahmen.

Eine kleine, schwarze Taubenfeder!

Es war also doch kein Traum gewesen, in der letzten Nacht, eine Taube hatte also tatsächlich auf meinem Fenstersims gesessen!

Klick, klack. Die Riegel an meiner Zellentür wurden zurückgezogen. Der Schlüssel drehte sich metallisch im Schloss und die schwere Eichenholztür wurde geöffnet.

„Guten Morgen, Herr Schmidt, Frühstück“ begrüßte mich ein Beamter.

„Hallo“, gab ich leise zurück, denn die vergangene Nacht hatte mich durch die gefundene Taubenfeder wieder eingeholt. Mechanisch nahm ich meine Brotration entgegen.

„Wir sehn uns nachher, dann reden wir mal.“

Das war jetzt die Stimme vom Hausarbeiter Bernd, mit dem ich mich in den vergangenen Wochen angefreundet hatte. Mein nachdenklicher Zustand war ihm wohl nicht verborgen geblieben.

Er war der Einzige, mit dem ich auch über „Verrücktheiten“ reden konnte. Es war bekannt, dass einige Insassen einen Haftkoller bekamen und „Dinge sahen“, die man besser nicht sehen sollte. Ich würde also aufpassen müssen, dass mir nicht Gleiches geschah. Ein Gespräch mit Bernd würde mich sicher von diesem Irrsinn ablenken können.

Um auf andere Gedanken zu kommen, nahm ich mir die Tageszeitung vom Vortage. Da hörte ich durch meine geschlossene Zellentür die Stimme von Keliam, dem zweiten Hausarbeiter, der wegen zweifachen Mordes seit drei Jahren im Gefängnis einsaß:

„Spieler! Heute Morgen war Alarm im Lazarett, da hat ein Afrikaner in der Nacht einen Mithäftling niedergestochen. Mehr weiß ich im Moment auch nicht, aber heute Nachmittag erfahre ich mehr darüber.

Hey, Spieler! Kannst du mich hören? Hast du überhaupt verstanden, was ich gesagt habe? Warum sagst du nichts? Bist du noch da?“

Am Ende

„Sie sind Ihrer Mitwirkungspflicht nicht nachgekommen, Herr Schmidt!"

Ich sah sie an, die Frau, die mir gegenübersaß und mir diesen Vorwurf entgegenschleuderte. Die langen, dunklen Haare hingen strähnig an ihr runter und ihre Augen glotzten mich triumphierend durch verschmierte Brillengläser an.

„Was für eine Mitwirkungspflicht, wovon reden Sie?"

„Sie haben keine glaubhaften Angaben über den Verbleib Ihres Vermögens gemacht. Dazu sind Sie aber nach dem Sozialhilfegesetz verpflichtet. Sie hätten mir schriftlich nachweisen müssen, wo das Geld geblieben ist, bis auf die letzte Mark", giftete sie mich an. „Da Sie das angeblich ja nicht können, muss ich Ihnen Regelleistungen nach dem Bundessozialhilfegesetz versagen!" Zufrieden lehnte sie sich dabei zurück.

Ich starrte sie an: „Ich bin nach drei Monaten aus dem Gefängnis entlassen worden und Sie sagen mir jetzt, dass ich keine Sozialhilfe, keine Miete, kein Geld bekomme? Auch nicht, um mir etwas zum Essen zu kaufen?"

„So ist es", erwiderte sie lapidar.

„Von meinem Vermögen sind als Spielbankabgabe über vier Millionen Mark in die Länderhaushalte geflossen und Sie wollen mir nicht einmal zur Überbrückung Sozialhilfe gewähren, damit ich nicht obdachlos werde?"

„Das eine hat mit dem anderen nichts zu tun, tut mir leid."

Fachärztliche Diagnose

Bei Herrn Klaus Schmidt besteht ein pathologisches Glücksspielen i.S. der Internationalen Klassifikation psychischer Störungen der WHO (ICD-10), d.h. er leidet an einer Glücksspielsucht.

Es wird ein intensiver, kaum kontrollierbarer Spieldrang beschrieben. Die Hauptmerkmale sind: anhaltendes und oft noch gesteigertes Spielen trotz negativer Konsequenzen wie Verarmung, gestörter Familienbeziehungen und Zerrüttung der persönlichen Verhältnisse.

Bei Herrn Schmidt bestehen nach der Anamnese, die bei der heutigen Exploration und psychiatrischen Untersuchung erhoben wurde, die typische Symptomatik und der typische Verlauf einer Glücksspielsucht seit zumindest Anfang 1999.

Nach dem wissenschaftlich evaluierten Fragebogen von Petry und Baulig (1996) erreichte Herr Schmidt einen Wert von 46 Punkten, dies entspricht einer fortgeschrittenen Glücksspielsucht.

Herr Schmidt wäre nicht glücksspielsüchtig und damit psychisch krank geworden, wenn er nicht an Casino-Glücksspielen teilgenommen hätte. (Casino-Glücksspiele haben starke psychotrope Wirkungen und sind nicht-substanzgebundene Suchtmittel; die kennzeichnende Eigenschaft von Suchtmitteln ist die Potenz, ihre Konsumenten von sich abhängig, d.h. süchtig machen zu können.)

Die Glücksspielsucht hatte und hat bei Herrn Schmidt massive Auswirkungen auf seine psychischen Kompetenzen, bspw. auf seine Geschäftsfähigkeit. Diese sind psychopathologisch sowohl mit einem Wahn als auch mit einem Rausch (bzw. toxischen Dämmerzustand) zu vergleichen.

Zum Vergleich mit einem Wahn: Ebenso wie ein Mensch, der an einem Eifersuchtswahn erkrankt ist, von der Untreue seines Sexualpartners überzeugt ist, war Herr Schmidt „trotz aller unwiderlegbaren und klaren Beweise des Gegenteils“, also trotz aller Niederlagen und negativen Erfahrungen im Casino, wahnartig von der irrationalen Vorstellung überzeugt, dass er um jeden Preis weiter Roulette spielen müsse. Wie bei einem Wahn war Herr Schmidt unkonigierbar von der irrationalen Überzeugung gesteuert, trotz aller Verluste, trotz der zunehmend negativeren Gewinn-Verlust-Bilanz, trotz seiner beruflichen und familiären Versagenserlebnisse unbeirrt weiter im Casino am Glücksspiel teilnehmen zu müssen.

Dies tat er in der wahnhaften Gewissheit, auf seine Zahlen würde doch noch eine große Gewinnserie fallen: deshalb dürfe er nicht aufhören zu spielen. Zum Vergleich mit einem Rausch (bzw. toxischen Dämmerzustand): Ein süchtiger Glücksspieler wie Herr Schmidt befindet sich unmittelbar vor Beginn und während des Glücksspielens im Casino in einem Rauschzustand. Der glücksspielbedingte Rauschzustand ist nach Patientenschilderungen mit dem Kokainrausch vergleichbar.

Es ist zudem durch wissenschaftliche Untersuchungen nachgewiesen, dass es im menschlichen Gehirn während des Glücksspielens zu sehr ähnlichen neurobiologischen Veränderungen kommt wie beim Konsum von Kokain. Wie in substanzbedingten Rauschzuständen kommt es im Rauschzustand des süchtigen Glücksspielers zu kognitiven Defiziten, bspw. zu einer verzerrten Wahrnehmung der Realität (vgl. Meyer und Bachmann 2000).

Unter den kognitiven Defiziten, die sich beim Glücksspieler während seiner Suchtentwicklung einstellen, ist ein Phänomen besonders hervorzuheben: Der Glücksspieler hat im Suchtstadium eine extrem verzerrte Wahrnehmung des realen Geldwertes. Meyer und Bachmann schreiben hierzu: „Geld hat zunehmend nur noch die Funktion des Spielkapitals, jeglicher Bezug zum realen Geldwert geht verloren.“

Viele Spieler berichten, sie seien im Casino sozusagen in einem völlig anderen Bewusstseinszustand gewesen („Ich war wie auf einem anderen Stern", „ich habe mich durch das Spiel weggebeamt" u. Ä.). Im Casino bzw. in der Spielhalle seien sie wie ein anderer Mensch gewesen. Sie hätten bspw. kein richtiges Verhältnis zum Geld mehr gehabt, das Geld sei nur noch Mittel zum Zweck gewesen. Es sei ihnen eigentlich völlig gleichgültig gewesen, ob sie gewonnen oder verloren hätten. Ein Spieler sagte, er sei dann „fast zum Terrier geworden, habe nicht lockerlassen können." Ein anderer Spieler berichtete von seinem „Röhrenblick" während seiner Spielhallenaufenthalte.

Die Fähigkeit eines Menschen in einem solchen psychischen Zustand zum reflektierenden Abwägen von Pro und Contra bzw. zum Reflektieren über sein Handeln ist massiv beeinträchtigt. Eine vernunftgemäße Reflexion über die Bedeutung seines Handelns und dessen Folgen für sich selbst und andere Menschen ist ihm dann praktisch nicht mehr möglich. Dabei „weiß" er zwar, welche negativen Konsequenzen ihn erwarten, doch kann er dieses Wissen nicht nutzen.

Aus psychiatrischer Sicht lässt sich die psychische Verfassung eines Glücksspielers, speziell die von Herrn Schmidt zumindest seit Anfang 1999 – zwar nur beschränkt in der Symptomatik, jedoch uneingeschränkt hinsichtlich des Ausmaßes des psychopathologischen Störungsgrades – sowohl mit einen Wahn (bspw. Eifersuchtswahn) – d. h. einer vorübergehenden Störung der Geistestätigkeit im Sinne des BGB – als auch mit einem toxischen Vollrausch bzw. toxischen Dämmerzustand – d. h. einem Zustand der Bewusstlosigkeit i. S. des BGB – vergleichen.

Wie bei einem schweren Rausch oder einem Wahn war die Fähigkeit von Herrn Schmidt zum reflektierenden Abwägen von Pro und Contra bzw. zum Reflektieren über sein Handeln nach klinischen Erfahrungen im Zeitraum seiner ausgeprägten Glücksspielsucht massiv beeinträchtigt, ebenso seine Kritikfähigkeit. Eine vernunftgemäße Reflexion über die Bedeutung seines Handelns und dessen Folgen war ihm praktisch nicht mehr möglich. Obwohl er eigentlich „wusste", dass sein pathologisches Spielverhalten früher oder später zur Zerstörung seiner sozialen Existenz führen werde und dass er eigentlich voraussehbare harte Konsequenzen zu tragen haben werde. Durch seine suchtbedingte Denkstörung war er nicht fähig, dieses „Wissen" in seinem Handeln umzusetzen.

Seine Geldgeschäfte im Zusammenhang mit seinem pathologischen Glücksspiel waren durch seine psychische Erkrankung und nicht aufgrund seines persönlichen Willens zustande gekommen. Durch seine psychische Erkrankung war er nicht mehr in der Lage, seine finanziellen Entscheidungen von vernünftigen Erwägungen (vgl. Palandt-Kommentar) abhängig zu machen, er war von irrationalen Vorstellungen gesteuert. Die hervorragenden lebenspraktischen Fähigkeiten, die er vorher im Berufsleben gezeigt hatte, standen ihm im Casino nicht mehr zur Verfügung. Seine finanziellen Entscheidungen im Zusammenhang mit dem Glücksspiel widersprachen extrem seiner erwiesenen kaufmännischen Tüchtigkeit.

Herr Schmidt war somit zumindest seit Anfang 1999 nicht mehr in der Lage, seine Entscheidungen im Zusammenhang mit dem Glücksspielen von vernünftigen Erwägungen abhängig zu machen. Seine Geldgeschäfte im Zusammenhang mit seinem Casino-Glücksspiel sind durch seine psychische Krankheit Glücksspielsucht und nicht aufgrund seines persönlichen Willens zustande gekommen. Sein Denken und Handeln im Zusammenhang mit dem ihn lenkenden Glücksspiel war durch seine psychische Krankheit motiviert.

In seinen finanziellen Entscheidungen wurde er zu dieser Zeit vorübergehend von seiner psychischen Krankheit beherrscht.

Das pathologische Ausmaß der Symptomatik war bei ihm während der Spielverträge so ausgeprägt, dass aus forensisch-psychiatrischer Sicht die Rechtsgeschäfte wegen seiner Erkrankung und nicht aufgrund seines persönlichen Willens zustande gekommen sind. Aufgrund seiner psychischen Krankheit konnte er zu den Zeitpunkten der Spielverträge die Bedeutung der von ihm abgegebenen Willenserklärung zwar erkennen, jedoch vermochte er nicht nach dieser Erkenntnis zu handeln (vgl. Nedopil 1996).

Wenn das vorhandene anamnestische Material im Wesentlichen zutreffend ist, ist aus forensisch-psychiatrischer Sicht festzuhalten: Zumindest seit 1999 befand sich Herr Schmidt infolge des für ihn nicht mehr kontrollierbaren und ohne fremde Hilfe nicht mehr steuerbaren süchtigen Verlangens nach dem Glücksspiel vorübergehend in einem die freie Willensbestimmung ausschließenden Zustand krankhafter Störung der Geistestätigkeit bzw. in einem Zustand der Bewusstlosigkeit im Sinne des § 105 Nr. 2 BGB und war somit aus forensisch-psychiatrischer Sicht bei Geldgeschäften in Zusammenhang mit seiner Glücksspielsucht partiell geschäftsunfähig.

Bei Geschäften jedoch, die nicht mit dem Glücksspiel oder der Geldbeschaffung hierfür zusammenhängen, war seine Geschäftsfähigkeit nicht wesentlich beeinträchtigt.

Nachspiel

Das war das Tröstliche daran, dass meine Geschäftsfähigkeit nicht generell beeinträchtigt war. So hieß es jedenfalls in dem Gutachten, das nach einer Untersuchung im Juni 2001 erstellt wurde.

Mit diesem Gutachten, dem Wissen, dass schon einige Glücksspielkranke ihr verlorenes Geld per Gerichtsurteil zurückbekommen hatten, einem ehrgeizigen Rechtsanwalt und der Unterstützung einer Frau glaubte ich mich für eine Klage gegen die Spielbank gut gewappnet. Denn die haben von meiner Krankheit gewusst und mich dennoch weiterspielen lassen, ja sogar noch mit raffinierten Tricks in die Spielbank gelockt.

Und den Zweiflern sei die Frage gestellt, ob es „normal" ist, eben der Norm entspricht, wenn ein Mensch innerhalb weniger Monate sein Vermögen von fünf Millionen DM am Roulettetisch verspielt und in der Obdachlosigkeit endet. Wie oft habe ich Umstehende tuscheln hören: *„Der ist doch krank, der gewinnt fast 100.000 in zehn Minuten und spielt weiter"*; *„der kann nicht aufhören"* oder *„Was will der denn noch?"*

Wer aber am besten meine Spielkrankheit erkennen konnte, das war die Frau. Die Frau, die mich überhaupt erst auf die Idee einer Klage gegen die Spielbank gebracht hatte. Die Frau, die mich im Prozess gegen die Spielbank unterstützen wollte. Die Frau, die mir an jenem Abend in der Spielbank gegenübergesessen hatte, als ich bis auf 7.000 DM alles verloren hatte.

Diese Frau, auf die ich meine letzte Hoffnung setzte und die ich ein paar Tage später privat kennenlernen sollte, obwohl ihr jeglicher Kontakt zu mir verboten war. Aber nicht nur sie traf das Kontaktverbot, es musste auch von ihren Kollegen eingehalten werden. Kein Mitarbeiter, so stand es im Arbeitsvertrag, durfte private Kontakte zu den Spielbankbesuchern aufnehmen. Das galt ganz besonders für Croupiers – und sie war ein Croupier. Sie war der weibliche Croupier aus jener unvergessenen Nacht, in der ich meine bereits verlorenen 350.000 DM in zwei Stunden wieder zurückgewonnen hatte.

Sie war es auch, die fast immer die Kugel in den Kessel geworfen hatte, wenn ich gewann. Sie war in der unvergesslichen Nacht mein „Glücksengel" geworden, darum hatte ich mich ja auch so aufgeregt, als man sie von dem Roulettetisch, an dem ich spielte, ablösen wollte.

Zwei Tage nach dieser besagten Nacht rief ich sie an, denn sie hatte mir am Roulettetisch leise murmelnd, damit die anderen Mitarbeiter es nicht hören konnten, ihre Telefonnummer gegeben.

Ich war nicht nur neugierig darauf zu wissen, warum sie mir ihre Telefonnummer gegeben hatte, ich war auch ziemlich beeindruckt von ihr. Die Art, wie sie mit Nonchalance am Tisch brillierte, ihre Art, sich zu bewegen, selbst ihr nervöses Augenzucken faszinierten mich. Von ihrem ausgesprochen schmalen, fein modellierten Gesicht – umrahmt von vollem, schwarzem Haar – konnte ich meinen Blick nicht abwenden.

Ihren Namen kannte ich nicht, denn wie alle Angestellten in einer Spielbank sprachen sich die Mitarbeiter nur mit „Herr Kollege" und „Frau Kollegin" an. Das diente wohl nicht zuletzt auch dem Anliegen der Geschäftsleitung, Kontakte von Mitarbeitern zu Spielern von vornherein zu unterbinden. Man fürchtete wohl Betrug und Mauscheleien zulasten der Spielbank, obwohl dies durch die anwesenden Kollegen am Roulettetisch wohl ziemlich schwierig sein dürfte.

Ein paar Tage nach einem Anruf bei ihr lud ich sie zum Essen in ein spanisches Restaurant ein. Dort erfuhr ich dann auch ihren Vornamen, der auch ein Musiktitel der Beatles war, worauf mein Freund Torben in einem Telefonat spontan sagte: „Komischer Name für eine Frau – Yellow Submarine!“ Der Torben hatte nur dummes Zeug im Kopf, schaffte es damit aber auch immer wieder, mich trotz meiner erbärmlichen Lage, von der er zum Glück nichts wusste, zum Lachen zu bringen. Also war sie ab sofort *„Yellow Submarine“*, das gelbe U-Boot. Zwar hieß sie nicht so, auch hatte sie nichts Gelbes an sich, aber eine Nähe zu einem U-Boot bestand schon, wenn man dabei an Tarnung, Untertauchen dachte. Denn wenn rauskam, dass sie privaten Kontakt zu mir hatte, würde man ihr fristlos kündigen.

Zwei Wochen später, es war an einem Dienstag, ihrem freien Tag, wollte sie unbedingt mit mir in eine Spielbank. Da sie aber in den norddeutschen Spielbanken überall als Croupier bekannt war – die Croupiers kannten sich mehr oder weniger alle – wichen wir in ein Casino in die Niederlande aus.

In kaum zwei Stunden gewann ich, sie an meiner Seite, beim Roulette im Groninger Casino 64.000 Gulden! Das waren ca. 58.000 DM, von denen ich 16.000 „Yellow Submarine“ schenkte. Nur ihr massives Drängen konnte mich vom Roulettetisch losreißen, wofür ich ihr dankbar war. Alleine dort vor Ort hätte ich wahrscheinlich so lange gespielt, bis der Gewinn und mein mitgebrachtes Geld (100.000 hfl.) verloren gewesen wären.

„Yellow Submarine“ war zu der Zeit finanziell ziemlich klamm und hatte ihr Konto um 10.000 DM überzogen: So freute sie sich sehr über den unverhofften warmen Geldregen. Sie umarmte mich spontan und schaute mich mit ihren dunklen Augen hinreißend an.

In dieser Nacht fuhren wir zum Ijsselmeer, dort wo mein Bungalow und meine Motorjacht auf mich und „Yellow Sub" warteten. Sie schaute sich alles an, und da ich nicht so richtig wusste, wie ich mich verhalten sollte, bot ich ihr das Haus für die Übernachtung an und zog mich auf mein Schiff in die Eignerkabine zurück.

Ich war verunsichert. Sie musste doch merken, dass ich mich sehr für sie interessierte, aber sie schaffte es immer wieder, auch die kleinste diesbezügliche Andeutung von mir entweder zu ignorieren oder eine lustige Ablenkung aufzuführen. Ich war zwar nach wochenlanger Bekanntschaft darüber frustriert, aber sie hatte eine solch charmante Art, selbst Unausgesprochenes zu neutralisieren, dass ich ihr einfach nicht böse sein konnte, denn ihre Nähe tat mir einfach nur gut.

Mittlerweile kannte sie auch meine Söhne und deren Freundinnen, und alle erlagen ihrem Charme und Witz. Sie „gehörte" also zur Familie, obwohl niemand etwas über ihren Beruf wusste. Wie meine Familie auch nichts darüber wusste, dass ich Stammgast in Spielbanken war. Mittlerweile war ich ein „High Rouler" in der Casinoszene geworden. So nannte man die Idioten, die große Vermögen am Roulettetisch verspielten.

Am nächsten Tag, in einem holländischen Café, erzählte mir „Yellow Sub" von Spielern, die erfolgreich gegen Spielbanken geklagt und ihr verspieltes Geld zurückbekommen hatten. Wobei die Klagen auf einer Glücksspielsucht bei den Spielern aufbauten, weil der Spieler nicht geschäftsfähig war. Rechtsgeschäfte, und das gilt auch für die Teilnahme an einem Glücksspiel in einer konzessionierten Spielbank, sind mit geschäftsunfähigen Personen nicht wirksam und müssen rückabgewickelt werden.

Das Problem für den Kläger war die hohe Hürde, den Nachweis der Geschäftsunfähigkeit für den Zeitraum der Spielteilnahme zu erbringen. Da aber die Glücksspielsucht inzwischen auch von der WHO als Suchtkrankheit anerkannt war, beschäftigten sich einige Mediziner besonders mit der Thematik und fungierten oftmals auch als medizinische Sachverständige in solchen Gerichtsverfahren.

Mir war das alles neu, aber die Eindringlichkeit und das erkennbar große Wissen zu dem Thema von „Yellow" ermunterten mich zu dem Gedanken, eine ebensolche Klage einzureichen. Sie versprach mir Unterstützung bei meinem Vorhaben und war auch bereit, vor Gericht auszusagen.

Dieses Angebot überraschte mich. Ich wies sie darauf hin, dass sie dann wohl große Probleme mit ihrem Arbeitgeber, der Spielbank, bekommen würde, wenn sie mich bei der Klage unterstützen würde. Und so fragte ich sie geradeheraus, warum sie das machen wollte.

„Klaus, so rücksichtslos, wie die mit dir umgegangen sind, so gehen sie auch mit dem Personal um. Ich habe dem Direktor erzählt, dass du mich in der Spielbank angerufen und mir am Telefon erklärt hast, dass du Probleme mit dem Spielen hast, und nach Hilfe suchst."

„Das hast du ihm erzählt? Was hat er denn darauf geantwortet?"

„Nichts, aber der Saalchef, den ich abends in der Kantine ebenfalls darauf angesprochen habe, weißt du, was der da zu mir gesagt hat?"

„Na, da bin ich aber gespannt."

„‚Das wissen wir doch, Frau Noemie, irgendwann kriegen die alle Probleme, das wissen Sie doch auch, das ist doch nichts Neues', und dann ist er grußlos gegangen und hat mich einfach stehen lassen. Das war es, was mich wütend gemacht hat, diese menschenverachtende Gleichgültigkeit. Ich weiß von einem Spieler, der vor ein paar Jahren vor Verzweiflung, weil er sein letztes Geld am Roulettetisch verlor, seinen Kopf mehrmals gegen die Wandverkleidung geschlagen hat. Der Saalchef schaute schnell weg und ist in einen anderen Spielsaal gegangen. Am nächsten Tag haben wir aus dem Radio gehört, dass der Mann in der Nacht Suizid begangen und sich in der Nähe des Bremer Hauptbahnhofs vor einen Zug geworfen hat."

„Das ist ja nicht zu fassen, hat sich denn keiner um ihn gekümmert, als er seinen Kopf gegen die Wand schlug? Das kann doch nicht sein!"

„Doch leider, so war's. Ich bin jetzt schon viele Jahre in dem Beruf, ich mag nicht mehr. Die schrecken noch nicht mal vor Kindern zurück und lassen die am ‚Tag der offenen Tür' am Roulettetisch mit Übungsjetons mitspielen, während sie ihnen die Spielregeln erklären! Jedes Kind bekam am Eingang ein Plüschtier, die wurden extra dafür eingekauft. Das wird mir zu viel. Ich kann das nicht mehr ertragen, darum helfe ich dir auch bei deiner Klage gegen die Spielbank. Und wenn die mich entlassen, macht mir das auch nichts mehr aus, ich studiere nebenbei Psychologie und werde nach Ende meines Studiums eine Stelle in der Suchtberatung übernehmen."

„Kinder am Roulettetisch, die sind ja wohl völlig abgedreht, oder? So etwas habe ich ja noch nie gehört. Das verstößt doch klar gegen das Jugendschutzgesetz! Gibt es denn keine Aufsicht über die Spielbank?"

„Du weißt wohl nicht, dass die Bremer Landesbank der Betreiber der Spielbank ist. Glaubst du, dass die kontrolliert werden?"

„Die Bremer Landesbank, das ehrenwerte Geldinstitut? Ich

fass es nicht! Die genieren sich wohl gar nicht, Hauptsache Rendite, egal womit!"

„Verstehst du mich jetzt, warum ich nicht mehr mag und warum ich dir bei deiner Klage helfen will? Die haben dich doch bewusst abgezockt, obwohl die Saalchefs und der Direktor genau gewusst haben, dass du krank bist, und ich es ihnen auch noch gesagt habe, dass du Hilfe brauchst, weil du alleine nicht aus dem Strudel rauskommst!"

„Ja, jetzt verstehe ich deine Beweggründe, jetzt wird mir einiges klar. Weißt du noch, als ich dich vor zwei Wochen gefragt habe, ob du eine kleine Rolle im NDR-TV übernehmen kannst, weil der Sender über die Firma meines Sohnes einen Filmbeitrag aufnehmen wollte? Und wie du gemeint hattest, dass dein Chef wohl nicht zustimmen würde und ich ihn besser selbst fragen solle? Ich habe ihn ja gefragt, wie du weißt. Und als ich ihm den Tag der Dreharbeiten nannte, sagte er mir, dass du eigentlich Dienst hast, er aber dafür sorgen wird, dass eine Kollegin für dich einspringen wird. Da war ich schon überrascht. Der hat mich noch nicht mal gefragt, warum ich ausgerechnet dich für diese Aufnahmen haben wollte. Wie war das noch am nächsten Tag, als du ihm über den Weg gelaufen bist?"

„Über den Weg gelaufen – das war wohl nichts. Er hat mich in sein Büro kommen lassen und mir von deiner Anfrage nach mir erzählt. Ich sagte ihm, dass ich Bedenken habe, auch wegen des allgemeinen Kontaktverbotes zu Gästen, so wie es im Arbeitsvertrag formuliert ist. Doch er wischte meine Einwände mit einer Handbewegung vom Tisch und sagte: ‚Vergessen Sie jetzt mal den Vertrag. Unserem Hause wäre viel daran gelegen, wenn Sie für die Filmaufnahmen für Herrn Schmidts Sohn zur Verfügung stünden. Frau Noemie, wenn Sie das für uns machen würden, das vergisst uns der Schmidt doch nie. Das ist doch in unser aller Interesse!'"

„Was? Das hat der tatsächlich gesagt?"

„Ja, das hat er gesagt, so wahr ich hier stehe. Sei nicht so naiv, Klaus. Was glaubst du, was die für eine Angst haben, dass du nicht mehr kommst und wieder zurück zur Konkurrenz nach Bad Zwischenahn zum Spielen fährst. Die machen alles, nur um dich hier in Bremen zu halten. Ein Kollege von mir hat vor ein paar Tagen mitgekriegt, dass man dich durch den Personaleingang reinlässt, extra einen Pagen runterschickt, der die Türen aufschließt, und du ohne Registrierung, obwohl die gesetzlich vorgeschrieben ist, an der Ausweiskontrolle vorbeikommst. Der Kollege meinte dann spöttisch, dass er sich wundert, dass du noch keinen Hausschlüssel für die Spielbank hast."

„Also, ich bin entsetzt, du hast mir die Augen geöffnet über den lieben Herrn Direktor, der mich privat zum Essen mit seiner Frau eingeladen hat und immer so besorgt um mein Wohlergehen war. So ist das also. Gleich morgen, wenn wir wieder in Deutschland sind, werde ich mir einen Anwalt suchen. Jetzt ist Schluss mit der Spielerei. Ich werde die verklagen!"

Das war nicht nur in meinem persönlichen Interesse. Es war wichtig, dass sich endlich mal etwas änderte und die Bevölkerung vor dieser schamlosen Abzocke geschützt wird. Es waren ja nicht nur vermögende Menschen, die in der Spielbank ihr Geld verloren. Ich habe in meiner „Spielzeit" Kaufleute, Arbeiter, Rechtsanwälte, Gaststättenbesitzer, Rentnerinnen, Jugendliche, Hausfrauen, Akademiker, Hilfsarbeiter, Chefärzte und Sozialhilfeempfänger am Roulettetisch gesehen. Ich konnte zuschauen, wie sie anfangs gewannen und letztendlich doch verloren. Alle, wie sie da waren. Die einen früher, die anderen später, so wie es der Saalchef gegenüber seiner Angestellten festgestellt hatte. Einige verloren nur ihr Geld, andere ihre Familie, viele ihre Gesundheit, wurden Alkoholiker oder psychisch krank, und manche verloren dabei sogar ihr Leben.

Ja, so war das in jener Nacht in Holland, in der ich einiges begriffen hatte. Dank der Erklärungen und der Offenheit einer Angestellten der Spielbank, bei der ich auf dem besten Wege war, auch noch den Rest meines Vermögens zu verlieren.

In Deutschland angekommen, suchte ich mir erst einmal keinen Anwalt. Ich nahm mir vor, unverfänglich in die Spielbank zu gehen und die „feinen Herren" jetzt, nachdem ich so viel mehr über sie wusste, näher zu beobachten. Natürlich konnte ich die Spielbank zu diesem Zeitpunkt noch nicht verklagen, denn dann würde ich sofort Hausverbot bekommen – und das wäre mehr als ungünstig gewesen.

Erst musste ich einen Teil meines Geldes zurückgewinnen, damit ich einen Anwalt für meine Millionenklage bezahlen konnte. Welch absurde Konstellation. Ich war gezwungen, freundlich zu sein, mir nichts anmerken zu lassen und dabei so klug am Roulettetisch die Jetons zu setzen, dass ich genügend Geld für die Klage gegen die Spielbank gewann.

„Yellow" sah meinem Treiben mit immer ernsterer Miene zu, wenn ich wieder Tag für Tag an einem der Roulettetische saß und mein Geld verspielte. Sie konnte mich natürlich nicht ansprechen, ja noch nicht einmal zuzwinkern, denn niemand außer dem Direktor wusste, dass wir uns näher kannten. Einige Male hatte sie versucht, mich über das Mobiltelefon anzurufen, aber das stellte ich schon lange nicht mehr an. Ich wollte nicht gestört und mit unbequemen Fragen konfrontiert werden. Obwohl ich während ihrer Urlaubsabwesenheit ein paar Tage in ihrer Wohnung geschlafen hatte, entfremdeten wir uns immer mehr und sahen uns nur noch selten, wobei das Thema Spielbank nicht angesprochen werden durfte. Denn dann machte ich sofort zu und ließ sie stehen. Meine Jacht und mein Haus waren schon als Jetons in der Spielbank gelandet, und wenn ich weiter so erbärmlich spielte, würde bald auch mein Auto dran glauben müssen. Und so kam es dann ja auch.

Meine Ferienwohnung in der Nähe Bremens wurde mir wegen Mietrückständen gekündigt, und ich lebte mittlerweile abwechselnd bei guten Freunden. Nur der Glaube an einen erfolgreichen Rechtsstreit gegen die Spielbank hielt mich aufrecht und am Leben.

Der Jurist, der sich meiner Sache trotz meiner fehlenden finanziellen Mittel annahm, beantragte Prozesskostenhilfe für mich und reichte eine Klage gegen die Bremer Spielbank ein. Leider verloren wir den Prozess vor dem Landgericht und „mein" Rechtsanwalt legte Berufung gegen das Urteil vor dem hanseatischen Oberlandesgericht ein. Das Verfahren „plätscherte" dahin und es war keine rechte Dynamik in der Sache.

Bis allmählich Presse und Öffentlichkeit auf meine Geschichte aufmerksam wurden. Eine Wende nahm der Prozessverlauf ab jenem Verhandlungstag, an dem sich die Kammer intensiv mit den – für Außenstehende nur schwer nachvollziehbaren – Vorgängen rund um die Spielbank und meinen Besuchen dort befasste.

Pressestimmen

WestLB [1]
Spielsucht ausgenutzt?

Ein Spielcasino der Bank wurde wegen seiner Praktiken vor dem Bremer Landgericht verklagt.

Düsseldorf – Neuer Ärger für die WestLB: Das Finanzhaus muss sich mit einer Klage vor dem Bremer Landgericht auseinandersetzen, weil ein Casino seiner Tochterfirma WestSpiel einen spielsüchtigen Stammkunden geschädigt haben soll.

Eingereicht wird die Klage von einem ehemaligen Unternehmer, der wegen seiner Spielsucht zum eigenen Schutz eine Selbstsperre veranlasst hatte. Trotzdem, so der Kläger, sei er vom Direktor der Bremer Spielbank persönlich zum erneuten Spiel animiert und ins Casino geleitet worden.

In einem Jahr über 2,1 Millionen Mark verloren

Nach Angaben seines Anwaltes Jens-Peter Gieschen war die krankhafte Spielsucht des früheren Geschäftmannes offensichtlich; allein in Bremen habe er innerhalb eines Jahres über 2,1 Millionen Mark verloren.

Die Spielbank selbst bestreitet die Darstellung des Kunden. Westspiel-Pressesprecher Frank Mühr: „Wir haben den Sachverhalt überprüft und sind sicher, dass der Kläger nach seiner Selbstsperre nicht mehr im Bremer Casino gespielt hat." Bestritten wird auch die Höhe des genannten Verlusts von über 2,1 Millionen Mark. Frank Mühr: „Wir halten diese Summe für sehr hoch gegriffen."

1 Clemens von Frentz, Manager Magazin vom 18.09.2001

Die Bremer Spielbank ist eines von fünf Casinos, die sich im Besitz der Westdeutsche Spielbanken GmbH & Co. KG befinden. Miteigentümer ist die Bremer Landesbank, die damit ebenfalls von der Klage betroffen ist.

Für den Anwalt des Klägers steht fest, dass die Spielbetriebe der beiden Landesbanken ihrem staatlichen Auftrag nicht gerecht werden. Jens-Peter Gieschen: „Man muss bedenken, dass Lizenzen für Spielcasinos nicht ohne Grund ausschließlich an die öffentliche Hand vergeben werden. Damit soll laut Bundesverwaltungsgericht gewährleistet werden, dass ‚der Spielvertrieb eingedämmt und kanalisiert' und ‚krankhafte Spielsucht und Vermögensverfall verhindert' wird."

Gegen diesen Grundgedanken sei jedoch klar verstoßen worden. Gieschen: „WestSpiel hat ein ‚Tracking-System' entwickelt, mit dem Daten über ‚seltene Hochspieler' gesammelt wurden. Sinn dieser Übung war es, die lukrativen Kunden an die Casinos zu binden und zum Spielen mit höheren Einsätzen zu animieren."

Parkplatz für Wohnmobil angeboten

Im Falle des Klägers ging die Vorzugsbehandlung nach seinen Angaben so weit, dass der Casino-Chef dem Spieler anbot, sein Wohnmobil wegen der „kürzeren Wege" auf einem angrenzenden Behördenparkplatz abzustellen – für Strom- und Wasseranschluss, so die Zusage, werde die Haustechnik sorgen.

Nach Angaben des Unternehmens handelt es sich dabei um einen einmaligen Vorfall. Sprecher Frank Mühr: „Dem Kunden wurde in der Tat angeboten, sein Fahrzeug auf dem Parkplatz abzustellen. Das allerdings nur deshalb, weil er an dem fraglichen Abend nicht mehr in der Lage war, nach Hause zu fahren ..."

Nun verlangt der Kläger von der Bremer Spielbank die Rückzahlung der verlorenen Einsätze. Sollten die Richter des Landgerichtes ihm Recht geben, könnte die Entscheidung nach Ansicht seines Anwaltes zu einem Musterfall werden. Gieschen: „Es gibt in Deutschland rund 120.000 Spielsüchtige. Einiges deutet darauf hin, dass es vielen von ihnen ähnlich erging wie unserem Mandanten."

„Der Mann wurde gnadenlos abgezockt"[2]
Klage gegen Bremer Casino/Spielsucht kostete Millionen

Bremen. Drei Jahre ist es erst her, da war Karl Lebert (Name von der Redaktion geändert) noch ein reicher Mann. Wenn man jemanden, der fünf Millionen Mark besitzt, reich nennen will. Heute ist Karl Lebert mittellos. Sein Geld, sein Haus, seine Zwölf-Meter-Yacht, seine Autos, alles hat er aufs Spiel gesetzt – und verloren. Verspielt am Roulette-Tisch. Auch in der Bremer Spielbank in der Böttcherstraße war der heute 52-Jährige ein häufiger Gast. Mehr als zwei Millionen Mark hat er allein dort nach eigenen Angaben verspielt. Geld, das er sich jetzt wieder zurückholen will. Gestern hat sein Anwalt beim Landgericht Bremen Klage gegen die Bremer Spielcasino GmbH eingereicht. Der Vorwurf: Obwohl Lebert erkennbar spielsüchtig gewesen sei, habe ihn die Leitung des Casinos immer wieder animiert, aufs Neue zu spielen, um ihm noch mehr Geld aus der Tasche zu ziehen. „Meine Spielsucht wurde unterstützt, wenn nicht gar gefördert", sagt Lebert heute. In seinem früheren Leben war Lebert ein erfolgreicher Geschäftsmann gewesen. Bis der Stress seine Gesundheit ruinierte. Der Verkauf seiner Anteile an dem von ihm mitgegründeten Unternehmen machte ihn zum wohlhabenden Privatier. Schon damals lebte der

2 Petra Sigge, Bremer Nachrichten vom 20.09.2001

Bremer im Ausland und kam nur sporadisch zurück an die Weser, um seine Kinder zu besuchen. Im Frühjahr 1998 betrat er dann zum ersten Mal das Casino in der Böttcherstraße. „Ich bin da einfach hingegangen zum Zeitvertreib. Ich wollte mir das nur mal ansehen, die Werbung war ja ganz ansprechend und die Atmosphäre hat mir gefallen. Dann hab' ich da gespielt und verloren. Am nächsten Tag bin ich wieder hingegangen, um das Geld zurückzugewinnen." In Hochzeiten, so berichtet Lebert, sei er an sechs von sieben Tagen in der Spielbank gewesen. „Meistens so vier bis fünf Stunden. In der Spitze auch von nachmittags um drei, wenn der Spielbetrieb losging, bis nachts um drei, wenn geschlossen wurde." Fürs Essen nahm er sich keine Zeit. „Ich habe nur gespielt, manchmal an drei Tischen zugleich. Ich hatte gar keinen Überblick mehr. Der Croupier ist dann gekommen und hat gesagt, ‚Sie müssen sich da was abholen, Sie haben gewonnen', und ich wusste gar nicht mehr, was ich überhaupt gesetzt hatte." Doch von dem Gewinn sei am Ende nie etwas übrig geblieben. „Ich bin immer mit 100.000 Mark hingegangen, und wenn ich nach ein paar Stunden aufgehört habe, war das Geld weg. Ich hab' das nicht bremsen können." Er könne sich nicht an einen einzigen Tag erinnern, so Lebert, „wo ich wirklich mal mit 'nem Plus rausgegangen bin". Die Spielbank sei über die Verluste ihres Kunden jederzeit im Bilde gewesen, sagt Leberts Anwalt Jens-Peter Gieschen. „In den Spielbanken wird detailliert Buch geführt über das, was so genannte Hochspieler wie Lebert verspielen, wie lange sie am Roulette-Tisch verweilen, wie hoch die Einsätze sind, wie viel Trinkgeld sie geben und was sie verlieren." Aus internen Unterlagen gehe hervor, dass leitende Mitarbeiter angehalten werden, in persönlichen Gesprächen mit den Spielern herauszufinden, was sie für Hobbys oder Vorlieben haben. Gieschen: „Da wird versucht, ein richtiges Persönlichkeitsprofil zu erstellen, um genau sehen zu können, womit können wir den Spieler ansprechen, womit können wir ihn binden, was können wir ihm bieten, damit er in unserer Spielbank bleibt." So bekam Lebert zum Beispiel Einladungen zu Formel-Eins-Rennen oder Box-Europameisterschaften – inklusive Hotelübernachtung für ihn „und Begleitung". Das Schreiben, in dem Einladung und Hotelbuchung bestätigt werden, hat Lebert aufbewahrt. Es trägt die Unterschrift beider Casino-Direktoren. Einmal, so erzählt Lebert, sei sogar ein Saalchef des Casinos eigens für ihn abgestellt worden, um ihn zu einem Werder-Bremen-Spiel zu begleiten. „Sie gehen jetzt mit Herrn Lebert zum Fußball", habe es geheißen. „Danach sollten wir gemeinsam wieder zurückkommen. Denn die wollten ja, dass ich dann weiterspiele." In den Genuss einer solchen Vorzugsbehandlung kommen bei den Spielbanken nur Hochspieler. Also Spieler, die nach Angaben Leberts im Monat mehr als 50.000 Mark verspielen. In Bremen gibt es davon gerade mal „eine Handvoll", schätzt Lebert. Eines Tages habe ihm der Direktor der Spielbank angeboten, er könne doch sein Reisemobil, in dem er während seiner Aufenthalte in Bremen wohnte, gleich auf dem Parkplatz hinter dem Casino abstellen, erinnert sich Lebert. „So nach dem Motto: Der kurze Weg zum Glück." Er habe das zunächst für einen Scherz gehalten. „Ich habe dann eingewendet, auf dem Uni-Campingplatz hätte ich aber auch Strom- und Wasseranschluss. Kein Problem, hieß es. Man habe ja Haustechniker, die das legen könnten." Aus dem Umzug wurde allerdings nichts. Die Durchfahrtshöhe passte nicht. Es dauerte lange, bis Lebert sich erstmals eingestand, keine Kontrolle mehr über seine Spielleidenschaft zu haben. Eine Million Mark hatte er bis dahin schon im Bremer Casino durchgebracht. In anderen Spielbanken noch mehr. Da zog Lebert die Notbremse. Er ließ sich sperren. Damit hatte er Zugangsverbot in allen deutschen Casinos. Was den Direktor der Bremer Spielbank allerdings nicht daran gehindert habe, ihn dennoch höchstpersönlich an der Rezeption vorbei erneut ins Haus zu schleusen. Er wollte ihm, so erzählt Lebert, einen Raum im Casino zeigen, den er Leberts Sohn für eine Ausstellung zur Verfügung stellen wollte. Die Einladung endete mit einem gemeinsamen Drink an der Bar im Spielsaal. Von da aus war der Weg nicht mehr weit. Nachdem sich der Casino-Direktor verabschiedet hatte, ging Lebert wieder an den Roulette-Tisch. Einer der Saalchefs habe ihn noch angesprochen. Er dürfe doch nicht spielen, er sei doch gesperrt. Man werde Probleme bekommen, wenn er dennoch spiele. „Aber gehindert hat mich niemand. Die hätten mich ja auch des Hauses verweisen können, aber das hat keiner getan." Zwei Tage drauf hat sich Lebert wieder entsperren lassen. „Das ist ja wie bei einem Alkoholkranken", beschreibt es sein Anwalt. „Wenn der erst mal wieder einen Schluck genommen hat, dann ist es meistens zu spät, dann gibt es kein Halten mehr." Auch für Karl Lebert nicht. Er spielte anschließend so lange weiter, bis er auch die letzte Mark verloren hatte. Das Internat für seinen Sohn bezahlt jetzt die Behörde. Vor seiner Familie und den Freunden hat Lebert seine Sucht bis zuletzt verschwiegen. „Ich habe mich einfach geschämt." Schon seit einigen Jahren lebt Lebert allein. Für soziale Kontakte hatte er zum Schluss gar keine Zeit mehr. Ein paar Freunde seien ihm geblieben, „deren Gastfreundschaft ich jetzt genieße". Das Schlimme sei, so Lebert, dass die Spielbanken wegschauten oder es einfach nicht wahrhaben wollten, wenn jemand spielsüchtig ist – „egal ob es Hochspieler sind oder Rentner, die da in zwei, drei Tagen ihre ganze Monatsrente auf den Kopf hauen". Der Bremer Spielbank-Direktor will zu den Vorwürfen selbst nichts sagen. Er verweist auf die WestSpiel-Gruppe, zu der das Casino in der Böttcherstraße gehört. Dort wird bestätigt, dass Lebert in der Bremer Spielbank durchaus „persönlich bekannt" gewesen sei und als „Gast, der öfter gekommen ist, auch anders behandelt wurde, als jemand, der nur einmal im Jahr spielt". Aber, so Pressesprecher Frank Mühr, man könne nun mal „nicht verhindern, dass jemand was verliert". Wobei Mühr die von Lebert genannte Summe von insgesamt mehr als zwei Millionen Mark nicht bestätigen will. Das seien bisher nur Behauptungen, die der Kläger vor Gericht beweisen müsse. Mühr bestreitet auch, dass Lebert jemals Zutritt zur Spielbank gehabt habe, solange er gesperrt war. Den Vorwurf, dass im konkreten Fall die Spielsucht des Mannes ausgenutzt worden sei, um ihn in der Spielbank zu halten, weist Mühr zurück. „Wir gehen verantwortungsbewusst mit unseren Kunden um. Es kommt durchaus vor, dass da mal einer viel Geld verliert. Aber das bedeutet ja nicht, dass er mit dem Spielen Probleme hat." Und überhaupt könne die Spielbank nicht jeden, der dort spielt, persönlich betreuen. „Wir sind nun mal nicht die richtige Institution, die dafür sorgen kann, dass problematische Spieler in eine Therapie kommen." Grundsätzlich, so erklärt der Pressesprecher, habe die Spielbank durchaus die Möglichkeit, Spielsüchtigen ein Hausverbot auszusprechen, um sie vor sich selbst zu schützen. Das liege im Ermessen der Mitarbeiter. „Die Frage ist nur, wann ist jemand spielsüchtig." Der Begriff sei ja nicht klar definiert. Mühr appelliert deshalb auch an die Eigenverantwortung der Glücksspieler. „Wer Probleme hat, kann sich ja sperren lassen." Woran Betroffene erkennen, ob sie spielsüchtig sind, können sie in einer Broschüre nachlesen, die überall in den Casinos der WestSpiel-Gruppe ausliegt. Für Leberts Anwalt ist das reine Augenwischerei. „Wenn einen die Sucht schon im Griff hat, erkennt man das doch nicht. Das ist ja so, als wenn man auf Wodka-Flaschen eine Hotline-Nummer aufdruckt mit der Aufforderung: Falls sie Alkoholprobleme haben, rufen Sie uns an! So leicht, meint Gieschen, könnten sich die Spielbankbetreiber nicht aus der Affäre ziehen. Der Gesetzgeber habe das Glücksspiel ja bewusst in die

Verantwortung der öffentlichen Hand gegeben, damit „der Spieltrieb eingedämmt und kanalisiert, krankhafte Spielsucht und Vermögensverfall verhindert, Begleitkriminalität vermieden wird“, zitiert Gieschen ein aktuelles Urteil des Bundesverwaltungsgerichts vom Frühjahr dieses Jahres. Gegen diesen Ordnungsauftrag sei im Falle seines Mandanten eklatant verstoßen worden. „Der Mann ist gnadenlos abgezockt worden.“ Im Grunde sei das eine ganz verlogene Geschichte: „Wenn Private sich um eine Spielbankkonzession bewerben, dann sperrt man sie aus, weil eine Spielbank nun mal kein Wirtschaftsunternehmen sei. Auf der anderen Seite macht die öffentliche Hand über die Landesbanken als Inhaber nichts anderes: Sie fördert die Spielsucht, sie fördert die Besuchsfrequenz, sie fördert die Höhe der Einsätze und versucht im Prinzip genau das Gleiche wie ein Privatunternehmen: nämlich einen möglichst hohen Gewinn damit zu erzielen.“ Karl Lebert möchte jetzt, dass Richter darüber urteilen, ob die Spielbanken in seinem Fall richtig gehandelt haben. Wenn die damit durchkämen, sagt er, „kann man ja auch gleich das private Glücksspiel erlauben und jeder darf sich unkontrolliert in sein Unglück stürzen.“

Das alles habe ich im Casino verspielt[3]

Klaus S. (52), der Geschäftsmann, der im Bremer Casino 2,1 Millionen Mark verzockte und jetzt die Spielbank verklagt (BILD berichtete). Hier seine Geschichte.

Ein Mann wie aus einem Herren-Modekatalog. Anzug, Schlips, volles, graumeliertes Haar, angenehme Stimme. Charmant, nettes Auftreten. Wie kann so ein Gentleman Haus und Hof verspielen?

3 Astrid Sievert, BILD-Zeitung vom 20.09.2001

Er hatte alles, wovon andere träumen. Die eigene Firma, eine Villa, Motorjacht, Ferienhaus, schnelle Autos und schöne Frauen. „Vor zwei Jahren ging ich aus Neugierde das erste Mal in ein Spielcasino. Da gewann ich ein paar Hundert Mark beim Roulette. Das war der Kick, der mich nicht mehr losließ."

Drei Tage später war Klaus S. wieder da. „Ich hatte diesmal 100.000 Mark in der Tasche, verlor alles. So ging es tagelang weiter. Als mein Bargeld aufgebraucht war, verkaufte ich mein Schiff. Dann das Haus, dann die Autos. Jedes Mal dachte ich: Das Geld holste dir wieder."

Schließlich unterschrieb er eine Selbst-Sperre. Klaus S.: „Doch der Direktor lockte mich immer wieder ins Casino, bot mir hinterm Haus sogar einen Platz fürs Wohnmobil an. Sagte: ‚Dann biste dem Glück näher ...'

Ende letzten Jahres verspielte er seine letzten 20.000 Mark. „Als ich auf die Straße ging, regnete es leicht. Ein Straßenmusikant in der Böttcherstraße spielte ‚It's all over now' (Es ist alles aus). Ich gab ihm 50 Mark, sagte, Recht haste."

Heute lebt der ehemalige Millionär bei einem Freund, holt sich sein Essen schon mal bei der Armenspeisung. Klaus S.: „Ich bin wenigstens am Leben, anderen Menschen geht es schlechter. Aber wenn ich Geld hätte, würde ich es sicherlich wieder versuchen, das ist das Schlimme ..."

70.000 Mark Trinkgeld gezahlt[4]

„Spielsüchtiger" Geschäftsmann ging gegen Bremer Casino in die Berufung

Für die Zuhörer im Saal des Oberlandesgerichts ging es gestern um schier unvorstellbare Summen: 70.000 Mark Trinkgeld will ein 53-jähriger Mann in der Spielbank in der Böttcherstraße allein in einer Nacht ausgegeben haben. Der frühere Millionär, der sich als spielsüchtig bezeichnet, versuchte nun in zweiter Instanz, Geld von der Spielbank zurückerstattet zu bekommen.

Mehr als zwei Millionen Mark hat der frühere Geschäftsmann im Laufe weniger Jahre in Spielbanken verzockt. Im Vergleich dazu sind die Summen, um die es in der Berufungsverhandlung vor dem Bremer Oberlandesgericht ging, geradezu „Peanuts". So will Klaus S. am 5. März 1999 rund 82.000 Mark in der Bremer Spielbank gelassen haben. Am 7. Juli sollen es noch einmal 16.000 Mark und am 3. Juli 2000 rund 50.000 Mark gewesen sein.

Das Gericht muss nun prüfen, auf welchen Grundlagen ein Anspruch auf Rückerstattung des Geldes bestehen könnte. Und so wurde gestern über Bereicherungsrecht, partielle Geschäftsunfähigkeit, Sittenwidrigkeit und Schadensersatzrecht debattiert. Dabei machte der Vorsitzende Richter klar, dass der 53-jährige Kläger beweisen müsse, dieses Geld auch tatsächlich an den genannten Tagen verloren zu haben. Nach Ansicht seines Anwaltes könnte der Nachweis über Aufzeichnungen, die aufgrund des Geldwäschegesetzes beim Umtausch höherer Beträge gemacht werden müssten, geführt werden oder über „Tagesberichte" der Mitarbeiter über Gewinn und Verluste von Spielern. Die Existenz von detaillierten Tagesberichten wurde prompt von dem Anwalt

4 Rose Gerdts-Schiffler, Weser Kurier vom 12.12.2002

der Bremer Spielbank bestritten. Zudem widersprach die Spielbank, dass Klaus S. an den genannten Tagen überhaupt im Haus gewesen sei. Denn dies sei nachweisbar, da jeder Gast registriert werde. „Wenn er nicht durch den Seiteneingang hereingelassen wird“, wie der Kläger in der Verhandlung anmerkte. Mit dem Chef der Spielbank habe ihn zudem ein „sehr vertrauliches Verhältnis“ verbunden.

Als „Hochspieler“ sei er in den Genuss mancher Einladungen zur Box-Weltmeisterschaft, Formel-Eins-Rennen oder Hotelübernachtungen gekommen. Einmal soll ihn sogar ein Saalchef der Spielbank persönlich zu einem Werderspiel begleitet haben – mit dem Auftrag, anschließend gemeinsam wieder in die Spielbank zurückzukommen. Das Trackingsystem, wie es im Fachjargon heißt, funktioniert umso besser, je mehr die Mitarbeiter über die Vorlieben ihres Kunden erfahren können. „Der Zocker soll sich wenigstens wohlfühlen beim Geldverlieren“, wie es die Süddeutsche Zeitung einmal auf den Punkt brachte. Klaus S. schien sich damals nicht mehr wohlgefühlt zu haben. Allein an einem Abend wechselte er 364.000 Mark in Jetons um. 70.000 Mark steckte er nach und nach in die Troncs der Croupiers – als Trinkgeld. „Ist es sittenwidrig, einen spielsuchtgefährdeten Mann weiter spielen zu lassen?“, stellte der Vorsitzende Richter eine der vielen Fragen in den Raum, die er und seine beiden Kollegen zu beantworten haben, und: „Hat sich die Spielbank möglicherweise leichtfertig der Erkenntnis verschlossen und ihre Fürsorgepflicht außer Acht gelassen?“ Das Oberlandesgericht wird seine Entscheidung am 16. Januar verkünden.

Namen & Nachrichten[5]

Klaus Schmidt

Begegnungen: Der Spielverderber

In gewisser Weise ist es die Umkehrung der Erfolgsgeschichte, die beim Tellerwäscher begann und beim Millionär endete. Denn noch 1997 machte Klaus Schmidt einen Umsatz von rund 64 Millionen Mark durch den Vertrieb von Geräten, mit denen man Leitungs- in Sprudelwasser umwandeln konnte. Vier Jahre vorher hatte er die B & K Vertriebsgesellschaft mit aufgebaut, als Partner des britischen Herstellers „Sodastream", eines Tochterunternehmens von Cadbury-Schweppes.

1998 verkaufte er seine Anteile, aus gesundheitlichen Gründen, für viele Millionen – der Einstieg in den persönlichen Abstieg, denn Schmidt zog es in die Spielbank. Das rechnerische Ergebnis (Stand Ende 2000): „Ich hatte fünf Millionen Mark verspielt." Anders gesagt, ihm blieb nichts mehr übrig von seinem früheren Vermögen. Damit teilt er das Los von geschätzten 140.000 krankhaften Spielern in Deutschland, die sich schlimmstenfalls um Haus und Hof bringen – und oft darüber kriminell werden.

Seitdem zieht Schmidt mit nahezu missionarischem Eifer durch die Lande. Besonders die Casinos der Westdeutsche Spielbanken GmbH hat er im Visier. Die hundertprozentige Tochtergesellschaft der Landesbank NRW betreibt unter anderem die Spielbanken in Dortmund, Aachen und Bremen – besonders in Bremen hatte Schmidt große Summen verspielt.

Was er heute, nach all der leidigen Erfahrung, fordert? „Spielbanken müssen ihre Gäste vor Spielsucht und Vermögenslosigkeit

5 Heribert Klein, Frankfurter Allgemeine Zeitung vom 16.12.2002

bewahren." Kinder und Jugendliche unter 18 Jahren dürften keinesfalls mehr in Casinos gelassen werden – auch nicht zu Werbezwecken. Wenn Schmidt auf Werbebroschüren, die zum „Schnuppertag" einladen, entsprechende Bilder entdeckt – mit Kindern am Roulette-Tisch, tritt er auf den Plan, schreibt Briefe an Gott und die Welt, Politiker im Bundestag und in Landtagen. Inhalt: „Ist es die ‚Eindämmung des Spieltriebs', wenn schon Kinder zum Glücksspiel animiert werden? Zeigen Sie im Interesse der Kinder und Gesetze, dass Sie dieses Vorgehen missbilligen." Er sieht sich mit seiner Forderung auf einer soliden Rechtsgrundlage – hat doch das Bundesverwaltungsgericht vor Jahresfrist von der öffentlichen Hand als Betreiber von Spielbanken gefordert, krankhafte Spielsucht und Vermögensverfall zu verhindern.

Dass Schmidt zum Spieler geworden ist, war Zufall, letztendlich ein Ergebnis auch von Neugier. Ein roter Faden war in seinem Leben nicht erkennbar. Geboren 1949, am Tonfall noch immer klar erkennbar ein Bewohner Norddeutschlands, schlug er sich durchs Leben, als Tankwart, als Matrose, als Unternehmer mit einem Handwerksbetrieb, als Gründer einer Werbeagentur, die in Bremen eine SPD-Zeitschrift vertrieb, schließlich als Händler der Sprudelwassergeräte.

Geradezu lakonisch zählt er auf, wie sein unternehmerisches Dasein immer erfolgreicher wurde. Allein in den Jahren 1993 bis 1997 stieg der Umsatz seiner Firma „Sodastream" von einer halben Million DM auf 67 Millionen DM. Zuletzt hatte er 74 Angestellte. „Die Finanzierung erfolgte nur aus dem Cash-flow, wir hatten in nur fünf Jahren eine Umsatzsteigerung um zwölftausendsiebenhundert Prozent", fasst er diesen Lebensabschnitt zusammen.

Ob er denn den Spaß am Spiel am liebsten verbieten würde? Generell nicht, antwortet Schmidt. Glücksspiel um Geld werde als Freizeitangebot verstanden. Wenn einer deswegen nicht krank würde oder gar Haus und Hof verlöre – okay, dagegen sei nichts einzuwenden. Aber wenn Saalchefs oder eine Spielbankdirektion berechtigte Hinweise hat, dass sich einer in die Vermögenslosigkeit hineinspielt, dann sei diese geradezu verpflichtet, Einhalt zu gebieten und nicht das Gegenteil noch zu befördern.

Am 11. Dezember hatte Schmidt seine Berufungsverhandlung beim Oberlandesgericht Bremen. Er klagte auf Rückgabe seiner Verluste im Bremer Casino. Das Ergebnis ist momentan so offen wie das Spiel am Roulettetisch: Erst Mitte Januar wird nach Auskunft des Gerichts das Urteil bekannt gegeben werden.

Das war mehr als ein Hoffnungsschimmer, das musste der Durchbruch sein, da war ich mir sehr sicher. Alles würde sich zum Guten wenden. Ich würde meine Familie, die immer noch zu mir hielt, aus der Hartz-IV-Misere erlösen können. Vielleicht würde ich nicht das gesamte verlorene Geld zurückbekommen, aber was soll's. Etwas ist mehr als nichts. Ich war über die Jahre bescheidener geworden.

Außerdem stand dann als Nächstes eine Klage gegen eine weitere Spielbank an. Die Spielbank in Bad Zwischenahn. Dort hatte mich der Spielbankdirektor, trotz der von meinem Anwalt erwirkten Spielsperre, mit einem Brief eingeladen und mich wieder in die Spielbank gelockt. So hatte der Direktor persönlich dafür gesorgt, dass ich wieder meiner Spielleidenschaft am Roulettetisch nachgehen konnte – und das, obwohl ich für die Spielbank gesperrt war!

Nun würde ich durch den wahrscheinlich gewonnenen Prozess gegen die Bremer Spielbank die nötigen finanziellen Mittel auch für eine Klage gegen die Spielbank in Niedersachsen haben. Am 27. August 2003 wurde das Berufungsurteil verkündet:

Das Urteil

Im Namen des Volkes.

Urteil in Sachen Klaus Schmidt c/o Rechtsanwalt G. – Kläger und Berufungskläger –

Prozessbevollmächtigter: Rechtsanwalt G.

gegen

Bremer Spielcasino GmbH & Co. KG, vertreten durch die Westdeutsche Spielcasino Service GmbH, – Beklagte und Berufungsbeklagte –

Prozessbevollmächtigte: Rechtsanwälte D. pp.

Hat der 5. Zivilsenat des Hanseatischen Oberlandesgerichts in Bremen auf die mündliche Verhandlung vom 27. August 2003 unter Mitwirkung

des Vorsitzenden Richters am Oberlandesgericht B.,
des Richters am Oberlandesgericht G. und
der Richterin am Oberlandesgericht S.

für Recht erkannt:

Die Berufung des Klägers gegen das Urteil des Landgerichtes Bremen, 4. Zivilkammer, vom 12. Juni 2002, AZ. 4-O-1914/2001, wird **zurückgewiesen ...**

Das war's!

Die letzte, aber auch allerletzte Hoffnung war zerstört. Der Prozess gegen die Spielbank Bremen war auch in der Berufungsinstanz verloren. Dabei hatte ich so große Hoffnungen auf meine Klage gegen die Spielbank gesetzt, mit dem Ziel, zumindest einen Teil meines verlorenen Geldes zurückzubekommen.

Dass dies nicht nur möglich, sondern auch bereits erfolgreich erstritten worden war, konnte ich anhand von drei Zivilprozessen nachvollziehen, bei denen die Gerichte die Spielbanken verurteilt hatten, den glücksspielsüchtigen Spielern das verlorene Geld zurückzuzahlen, da durch die Spielsucht bei den Spielern eine partielle Geschäftsunfähigkeit bestand.

Nur bei mir hieß es wieder einmal: „Rien ne va plus."

Nichts geht mehr ...

Ich war selbst schuld an meinem Dilemma!
Ich hätte die Spielbank ja nicht betreten müssen!
Ich allein war für mein Handeln verantwortlich!
Und Spielen hätte ich dort auch nicht gemusst!
Wer sich in Gefahr begibt, kommt halt darin um!
Ich hatte doch einen eigenen Willen!

Es hat mich ja niemand gezwungen, oder?

2003 war das Jahr des endgültigen Endes für meine Hoffnungen geworden. Der Prozess ging verloren, weil Personen gelogen hatten, sich nicht mehr erinnern konnten oder einfach nicht erschienen sind. Und was war mit meiner Freundin „Yellow“, hatte sie nicht vor dem Gericht die Wahrheit aufdecken wollen? Sie war geladen worden und machte auch eine Aussage. Die war aber so vage, so unbedeutend und unpräzise, dass sie die Urteilsfindung nicht erkennbar beeinflusst hat.

Die gute „Ye“ hatte vor Kurzem eine Anstellung als Casinodirektorin im Ausland angetreten und man merkte ihr die Aussageunlust an. Sie wollte wohl ihre Position bei dem neuen Arbeitgeber nicht gefährden, denn der wäre sicher alles andere als glücklich, wüsste er, wie seine neue Führungskraft über das Glücksspiel im Allgemeinen und über Spielbanken im Besonderen dachte.

Nun war endgültig, unwiderruflich alles verloren.

Sollte ich meinem Leben ein Ende bereiten, jetzt, wo ich keine Perspektiven mehr sah? Schluss machen mit allem so wie viele, die der Spielsucht erlegen waren und keinen Ausweg mehr sahen? Es war bekannt, dass von allen Süchten die Suizidrate bei Glücksspielsüchtigen am höchsten war.

Jeder Mensch hat elementare Bedürfnisse seiner Existenzsicherung. Dazu gehören die Nahrung, ein Dach über dem Kopf und eine medizinische Grundversorgung. Glücksspielsüchtige gefährden ihre Existenz durch ihre Sucht, weil sie die Kontrolle über ihr Handeln verlieren. Sie spielen bis zur bitteren Neige. Bis das letzte Geld verspielt, die Wertsachen verpfändet und die sozialen Kontakte zerstört sind. Die Folgen der Spielsucht sind Krankheit und Armut bis zur Obdachlosigkeit. Nicht selten zerstört die Spielsucht Familien und Beziehungen.

Das Glücksspiel rigoros zu verbieten ist nicht der richtige Weg, denn ein Verbot wird keinen Erfolg zeigen. Das Glücksspiel ist so alt wie die Menschheit. Es wird nicht zu unterdrücken sein. Viele finden Spaß am Glücksspiel, weil sie es als Spiel begreifen und weil sie aufhören können. Aufhören dann, wann sie es wollen. Das macht den Unterschied zu süchtigen Spielern aus. Süchtige Spieler können nicht aufhören. Egal ob sie gewinnen oder verlieren. Sie hören erst auf, wenn das letzte Geld verloren ist – nicht eher! Sie können die Dauer ihres Spielens nicht mehr kontrollieren. Dieser Kontrollverlust, hervorgerufen durch die Glücksspielsucht, ist eine anerkannte Krankheit. Darum sollte ein Staat seine Bürger vor dieser Krankheit, der Glücksspielsucht, schützen. Auch im öffentlichen Interesse – denn Glücksspielsucht kostet den Staat, die Allgemeinheit, im Nachhinein mehr, als sie einbringt.

Jedes Land, das seine Bürger aus fiskalischem Interesse dem Glücksspiel zuführt und die Spielsüchtigen als Kollateralschäden billigend in Kauf nimmt, handelt unökonomisch und asozial!

Niemand, der an einem Glücksspiel um Geld teilnimmt, weiß, ob er dem Spiel erliegt und süchtig danach wird. Das ist die Gefahr daran. Daher muss die Bevölkerung vor den Gefahren des Glücksspiels mit einem Warnhinweis gewarnt werden.

WARNUNG!
Glücksspiel um Geld ist kein Spiel.
Es kann Ihre Existenz vernichten.

Das Glücksspiel in der Bevölkerung kann nicht unterbunden werden, daher sind die Zugangsregelungen zum Glücksspiel zu verschärfen. Es darf nicht sein, so wie geschehen, dass Spielbanken am „Tag der offenen Tür“ Kindern und Jugendlichen das Roulettespiel erklären und sie am Tisch an Probespielen teilnehmen lassen. Zur Verhinderung eines ungehemmten, unkontrollierten Glücksspiels bedarf es staatlich konzessionierter Unternehmen, die einer strengen Aufsicht und Kontrolle unterworfen sind.

Jedem, der ein Problem mit dem Glücksspiel hat, kann ich nur raten, Hilfe in Anspruch zu nehmen. Alleine aus diesem Lebensproblem herauszufinden ist schwer, ja fast unmöglich. Wichtig beim ersten Schritt ist ein nahestehender Mensch, der das Spielen nicht billigen muss, aber der es „verstehen“ kann. Und wer sich einer vertrauten Person gegenüber nicht offenbaren will oder kann, der sollte eine der Beratungsstellen aufsuchen oder dort anrufen (auch anonym). Wer auch das nicht mag, kann mir gerne über meine Internetseite www.nichts-geht-mehr.info eine Nachricht zuschicken.

Ich bin zwar kein Therapeut, aber ich verstehe Sie, mit Sicherheit.

Suchtrisiko – sind die Gene mitschuldig?

Wer also war schuld an meinem Unglück? War ich es selbst, der sich freiwillig und ohne Not in den Rausch des Gewinnens und Verlierens hineingesteigert hatte, bis es einfach nicht mehr ging? Oder sind es etwa die Versuchungen von außen, die Glücksversprechen der Casinos und Lotterien, die unschuldige Opfer mit gezielten Manipulationen und fragwürdigen Methoden – dabei noch von staatlichen Stellen sanktioniert – ins sichere Verderben locken? Mehr als einmal hatte ich in meinem Leben bewiesen, dass ich aus eigener Kraft Großes zu leisten imstande war; mehr als einmal habe ich aber auf der Suche nach dem Glück versagt – falsche Entscheidungen getroffen, den falschen Menschen vertraut – „aufs falsche Pferd gesetzt", wie man so schön sagt. Ist das Glücksspiel vielleicht gar die Metapher für alles gewesen, was ich bisher erlebt hatte?

Beim Nachdenken über die Antwort und den Grund für das alles fiel mir ein Artikel in Hände, der die Angelegenheit von einer ganz anderen Seite betrachtet: [6]

Ständig auf der Suche nach neuen Reizen – „Sensation Seeking" beschreibt ein Verhalten, das bei Suchterkrankungen bekannt ist. Hirnforscher haben wichtige Hinweise gefunden, dass das individuelle Risiko, eine Sucht zu entwickeln, auch von unseren Genen mitbestimmt wird. Varianten im Genom beeinflussen das Belohnungssystem im Gehirn und damit unser Verhalten. In der vom Bundesministerium für Bildung und Forschung (BMBF) geförderten Studie konnte Prof. Christian Büchel mit seinem For-

6 Bundesministerium für Bildung und Forschung: Newsletter Gesundheitsforschung Nr. 33 vom August 2007, S. 2/3

scherteam zeigen, dass das Gehirn von Menschen mit bestimmten Genvarianten nur schwach auf Belohnungen reagiert. Genau diese Probanden zeigten ein ausgeprägtes Verlangen nach ständig neuen Reizen.

Gene regulieren die Belohnungsintensität

Wissenschaftler gehen davon aus, dass bei Suchterkrankungen das Belohnungssystem gestört ist. Büchel und sein Team untersuchten erstmalig, wie sich die Gene auf die Belohnungsverarbeitung im Gehirn auswirken, und wurden fündig. Sie entdeckten Genvarianten, die zu einer geringeren Belohnungsintensität führen und damit möglicherweise Suchtverhalten fördern. Versuchspersonen, die diese Varianten in ihrem Erbgut tragen, wiesen in einem psychologischen Test hohe Werte für ein Persönlichkeitsmerkmal auf, das auch bei Suchtkranken beobachtet wird – das so genannte Sensation Seeking. Menschen mit dieser Eigenschaft suchen eher nach neuen und aufregenden Reizen.

Die Wissenschaftler vom Institut für Systemische Neurowissenschaften am Universitätsklinikum Hamburg-Eppendorf untersuchten die Gene und die Belohnungsverarbeitung im Gehirn bei über hundert gesunden männlichen Versuchspersonen. Dazu beobachteten sie die Probanden beim Glücksspiel und registrierten ihre Hirnaktivität mit der funktionellen Kernspintomografie (fMRT). Geldgewinne lösten in den Hirnregionen des Belohnungssystems eine deutliche Zunahme der Aktivität aus. Je höher und wahrscheinlicher der Spielgewinn, desto aktiver wurde das Gehirn. Einige Probanden reagierten jedoch anders als ihre Mitspieler. Bei ihnen stieg die Stoffwechselaktivität kaum an, wenn sie um höhere Beträge spielten. Die Belohnungsreaktion im Gehirn fiel während des Spiels bei diesen Teilnehmern also schwächer aus als bei ihren Spielpartnern. Auf der Sensation Seeking Skala erreichten diese Testpersonen einen hohen Messwert. In ihrem Genom fanden die Forscher bestimmte Kombinationen der „COMT“ und „DAT“ genannten Gene, die an der Regulation des Botenstoffs Dopamin beteiligt sind. Die Neurowissenschaftler folgern daraus, dass Variationen dieser Gene die Belohnungsintensität beeinflussen und damit möglicherweise auch das individuelle Risiko, eine Sucht zu entwickeln. Hierzu sind noch weitere Untersuchungen notwendig. Büchel: „Ein interessanter nächster Schritt wäre es, diese Untersuchungen auch bei Suchtpatienten durchzuführen und sie mit Gesunden zu vergleichen.“

Das Belohnungssystem im Gehirn

Das Belohnungssystem sitzt in der vorderen Hirnrinde und dem vorderen Striatum. Wird an den Synapsen dieser Hirnregionen der Botenstoff Dopamin ausgeschüttet, empfinden wir eine Art Glücksgefühl. Das Enzym Catechol-O-Methyltransferase (COMT) baut das Dopamin wieder ab und der Dopamintransporter (DAT) sorgt für dessen Wiederaufnahme in die Nervenzelle. Die genetische Information für diese beiden Proteine tragen die COMT- und DAT-Gene. Mit dem Hochgefühl steuert das Belohnungssystem zahlreiche Prozesse. Haben wir einmal erlernt, wie wir es auslösen können, verhalten wir uns fortan so, dass wir uns erneut belohnt fühlen. Neben diesem so genannten zielgerichteten Verhalten beeinflusst das System auch, wie motiviert, lernfähig und entscheidungsfreudig wir sind.

Adressen Glücksspielsuchtberatung

- BZgA-Beratungstelefon zur Glücksspielsucht:
  08 00/ 1 37 27 00 (kostenlos)

- Fachverband Glücksspielsucht (fags) e. V.
  Auf der Freiheit 25
  32052 Herford
  Telefon: +49 (0) 52 21/ 59 98-50
  Telefax: +49 (0) 52 21/ 59 98-75
  E-Post: spielsucht@t-online.de
  Internet: www.glücksspielsucht.de

  Der fags e. V. ist seit 20 Jahren mit dem Thema vertraut und beratend für Ministerien tätig. Er bietet u. a. eine umfangreiche Adressliste für alle Bundesländer.

- Größtes Forum für Glücksspielsüchtige in Deutschland:
  http://www.forum-gluecksspielsucht.de/forum/

Zum Autor

Und was macht der Autor heute?

Er arbeitet wieder als Unternehmensberater und berät Firmen im Bereich des Marketings, der Unternehmensführung und Patentverwertung. Zu einer Finanzanlagenberatung fühlt sich der Autor allerdings nicht berufen.

Klaus F. Schmidt, Multimillionär a. D.
www.nichts-geht-mehr.info

Alle Menschen sind klug.
Die einen vorher, die anderen nachher …

Voltaire